혁신적인 마케팅 전략으로
초보 공인중개사 벗어나기

혁신적인
마케팅 전략으로
초보 공인중개사
벗어나기

이윤주 지음

매일경제신문사

　부동산이라는 이 역동적인 분야에 발을 내딛은 모든 이들에게 필자와 비슷한 열정을 불러일으키고 싶다는 열망이 어우러져 탄생한 책,《혁신적인 마케팅 전략으로 초보 공인중개사 벗어나기》에 오신 것을 환영한다.

　공인중개사로서 필자는 경쟁이 치열한 한국 시장에서 부동산 업계의 환경이 굉장히 빠르게 진화하는 것을 목격했다. 이러한 변화는 시장 트렌드와 고객의 기대치뿐만 아니라 공인중개사가 성공하기 위해 포지셔닝해야 하는 방식에서도 보인다. 부동산 업계는 전통적인 방식과 현대적인 혁신이 만나고, 기초 지식이 창의적인 마케팅 전략의 디딤돌이 되며, 서비스 품질이 성공을 정의하는 영역이다.

　필자는 새로운 시대의 초보 공인중개사에게 힘을 실어주고자 하는 단순하면서도 심오한 목적을 가지고 이 책을 집필하게 되었다. 이 책은 이제 막 부동산 중개업을 시작한 사람, 업계의 복잡성에 부담을 느끼는 사람, 그리고 자신의 접근 방식을 재검토하고 활력을 되찾고자 하는 현업 공인중개사들을 위한 책이다.

이 책에는 부동산 업계에 입문하는 데 필요한 기초지식부터 시장을 이해하는 데 필요한 핵심 기술까지 담겨 있다. 전통적인 방법뿐만 아니라 소셜 미디어, 콘텐츠 제작에 이르기까지 디지털 세계를 활용하는 전략을 통해 부동산 마케팅의 혁신적인 힘을 살펴본다.

열린 마음과 기꺼이 도전하는 마음으로 이 여정을 시작하기를 바란다. 부동산에 첫발을 내딛는 분이나 기존 기술을 개선하고자 하는 분 모두에게 도움이 될 만한 내용을 담았다. 이 책이 활기차고 도전적인 부동산 세계를 탐색하는 데 도움이 되는 가이드이자, 동반자가 되기를 바란다. 이 책에 담긴 전략을 자신에게 적용하고, 변화하며, 성공할 수 있는 자신의 능력을 믿어라.

함께 여행하는 동안, 항상 긍정적인 마음과 미소를 잃지 않길 바라며, 부동산 세계에서의 여정이 여러분에게 풍요로움과 성취로 가득하길 기대한다.

부동산의 새로운 시대를 향한 여러분의 여정을 응원한다!

이윤주

차 례

1장 부동산 환경 이해하기

4장 혁신적인 고객 확보 및 유지 방법

5장 부동산 업계에서 지속적인 커리어 쌓기

1장

부동산 환경
이해하기

초보 공인중개사를 위한
완전한 안내서

한국 부동산 시장의 특징

한국 부동산 시장은 지리적·경제적·문화적인 다양성을 반영하고 있다. 도시와 교외 지역 간의 가격 차이, 규제의 영향, 그리고 국내 및 국제 경제 동향이 부동산 시장에 미치는 영향 등 다양한 측면에서 이를 살펴볼 수 있다.

한국은 지리적으로 다양한 지형과 도시 구조를 가지고 있다. 서울을 중심으로 한 국내 주요 도시들은 부동산 시장의 중심지로 작용하며, 서울의 부동산 가격 동향이 전국적으로 큰 영향을 미치고 있다. 그러나 지방 도시들도 각자의 특성을 가지고 있어 투자 및 주택 구매의 다양한 옵션을 제공한다.

국내 경제 상황은 부동산 시장에 직접적인 영향을 미친다. GDP 성장률, 고용 상황, 금리 정책 등은 주택가격 및 투자 동향에 영향을 미치고 있다. 따라서 현업 공인중개사들은 국내 경제 동향을 자세히 살펴보는 것이 중요하다.

한국의 부동산 시장은 부동산 가격 안정과 투기 억제를 위해 정부가 시행하는 다양한 부동산 정책과 규제가 투자자와 주택 구매자에게 직접적인 영향을 미친다.

공인중개사 중개사무소 개업

부동산 사무실을 개업하기 전에는 몇 가지 핵심적인 준비와 마음가짐이 필요하다. 다음은 부동산 중개사무소를 개업하기 위한 일반적인 가이드라인이다.

개업 전에 원하는 지역의 부동산 시장을 깊이 조사하고, 경쟁사와의 차별화를 위해 특정 부동산 분야에 전문화될 수 있는지 고려해야 한다. 내가 잘할 수 있을 것 같다는 자신감을 가지고 지역을 돌아보고 위치를 선정하는 것이 중요하다. 그리고 아파트, 상가, 다가구주택, 토지 등 본인이 전문화할 수 있는 분야를 선택해야 한다.

중개사무소를 개업하기 위해서는 비즈니스 플랜이 필수다. 명확한 비전과 목표, 마케팅 전략, 재무 계획 등이 포함되어야 한다. 처음 개업하는 초보 공인중개사는 중개사무소의 임대보증금, 사무실 창업 비용, 사무실 유지비용, 인건비 등을 고려해 수익이 없을 때 대처할 수 있는 여유로운 자금이 있어야 한다.

부동산 업계에서는 신뢰와 관계가 매우 중요하다. 지역 커뮤니티 및 다른 경력 공인중개사들과의 네트워킹에도 시간을 투자해야 한다. 개업 후에는 주변 중개사무소 등을 방문해서 인사도 나누고, 이웃 공인중개사분들에게 먼저 다가가서 관계를 돈독히 해야 한다. 초기에는 브랜드를 확립하고 전략을 세워서 온라인 및 오프라인 채널을 활용해 자신의 부동산 중개사무소를 알린다.

고객 만족은 부동산 중개사무소의 핵심이다. 친절하고 전문적인 서비스를 제공해 고객의 신뢰를 얻어야 한다. 고객이 방문했을 때 편안한 분위기로 사무실 분위기도 조성해야 한다. 보통 부동산 중개사무소에는 벽에 온통 지도만 걸어놓는데, 굳이 지도 없이도 화분 등으로 예쁜 사무소로 꾸미도록 한다.

현업에서의 경력 공인중개사들의 의견 청취

실제 경력 공인중개사들의 의견을 듣고 공부하는 것은 초보 공인중개사에게 큰 도움이 된다. 경력 공인중개사들에게서 투자 전략, 시장 동향, 그리고 리스크 관리에 대한 경험을 들으며, 이를 통해 부동산 시장에 대한 통찰력을 얻을 수 있다.

지역마다 성공한 공인중개사들이 있다. 각 지역에서의 최고 공인중개사들은 계속해서 새로운 지식을 습득하고 학습하는 데 주력한다. 세미나, 워크샵, 교육프로그램 등을 통해 자기계발을 위해 지식을 갱신하고 있다.

필자는 초보 시절에 일요일마다 1시간씩 버스를 타고 서울로 직접 교육을 받으러 다녔다. 지금도 계속 바뀌는 정보들을 접할 때마다 다시 몇 개월씩 서울로 교육을 받으러 다니고 있다. 또 요일을 정해놓고 매주 나에게 맞는 온라인 마케팅강의를 듣고 배우며 실천하고 있다. 변화하는 물결에 같이 동참해야만 한다.

부동산 트렌드의
진화

부동산 트렌드는 지속해서 진화하고 있으며, 고객의 라이프 스타일도 변화하고 있다. 이 장에서는 공인중개사들의 부동산 트렌드의 다양한 측면에 대해 자세히 알아보자.

부동산 트렌드의 기초

부동산 트렌드의 가장 큰 변화 중 하나는 기술 발전으로 이루어지고 있다. 디지털 기술의 도입으로 온라인 부동산 플랫폼이 부상하며 주택 검색, 거래 및 투자 방식이 혁신되고 있다. 이에 따라 부동산 시장은 더 투명해지고, 더 빠르게 변동하는 특징을 갖추게 되었다.

사회적인 라이프 스타일의 변화와 함께 주거 요구도 변화하고 있다. 원격 근무의 증가로 인해 교통 편의성보다는 주거환경의 질이 강조되고 있으며, 도시와 교외 지역의 부동산 가치 및 수요 패턴이 변화하고 있다.

디지털 부동산 플랫폼과 온라인 거래의 부상

디지털 시대의 도래로 인해 부동산 거래 방식은 혁신적인 변화를 겪고 있다. 온라인 부동산 플랫폼은 주택 구매 및 투자에 대한 정보를 신속하게 얻을 수 있게 하며, 네이버, 유튜브, 카페, 블로그, 페이스북 등을 통해 부동산에 더욱 쉽게 접근할 수 있게 되었다.

부동산 거래의 디지털화는 온라인 거래의 증가를 불러왔다. 전자서명을 통한 원격 거래가 활성화되면서 지리적 제약이 줄어들었다. 이로써 투자자들은 물리적으로 현장에 방문하지 않고도 부동산 거래를 체결할 수 있는 편리함을 누리고 있다. 임대인, 임차인이 부동산 중개사무소를 방문하지 않고 각자의 위치에서 전자계약으로 계약이 이루어지기도 한다. 전자계약서 작성은 국토부와 연동이 잘 안되어서 공인중개사들도 쓰기를 꺼리지만, 초보 공인중개사님들은 반드시 전자계약서 작성을 숙지해야만 된다.

부동산 거래 전자계약 체결 시 공인중개사 준비사항과 진행 방법

전자계약을 하기 위해서는 임대인, 임차인은 신분증과 본인 명의 휴대폰만 있으면 된다.

반면 공인중개사는 사업자등록증 사본을 가지고, 협회(지부)에 방문해 부동산 전자계약 공동인증서를 신청해야 한다.

☑ 부동산 전자계약 공동인증서 신청 방법

1. 국토교통부 부동산 거래전자계약시스템(http://irts.molit.go.kr/)
   홈페이지에 접속한다.

2. 중간 부분의 빠른 메뉴 서비스의 '공동인증서 관리'를 클릭한다.

3. '개업중개사 신청하기'를 클릭한다.

4. 필자는 세종시 공인중개사로서 '세종지부'를 클릭했다(본인의 지역에 맞게 선택한다).

5. '인증서 신청 약관 동의'에 전체동의하고 확인을 클릭한다.

6. '공동인증서 신청서'를 작성한다.

신청서 제출 방법

접수방법 *	서류제출방법		발급소요기간
찾아가는 서비스	방문서비스 직원이 요청하신 주소로 방문하여 신원을 확인하고 서류를 접수		3 영업일내 방문
	우편물 수령지 (방문요청지)	우편번호 검색	
	□ 사업장 주소와 동일		

※ 찾아가는 서비스 신청 절차안내
1. 공동인증서 신청 및 결제
   (결제 이후에 신청하신 순서대로 직원이 연락을 드립니다.)
2. 서류 준비
3. 직원이 연락하여 접수
4. 준비된 서류 확인을 위한 팩스발송
5. 해당 날짜에 우체국 집배원 방문 시 서류 제출 및 안내문 수령
6. 안내문 보고 홈페이지에서 발급 및 사용
   (방문드린 당일에 발급하여 사용 가능)

- 상호(업체명)는 사업자등록증 상호와 반드시 동일해야 한다.
- * 표시된 항목은 필수 입력사항이다.

7. 인증서 관리 담당자 정보는 실제 이용자 정보로, '본인(대표자)'이다.

8. 비용은 따로 청구되지 않는다.

이렇게 협회(지부)에 가서 편하게 공동인증서를 발급받을 수가 있다.

사용자명 : 다복공인중개사 사무소
사업자번호 : 000-00-00000
참조번호 : 4******
인가코드 : 4******-000000 _000000

이제는 공동인증서를 발급받아야 한다.

☑ 공동인증서 발급 절차

1. 트레이드 사인(www.tradesign.net)을 방문한다. '인증서 신규 발급'을 클릭한다.

2. '인증서 발급'을 클릭한다.

3. '참조번호'와 '인가코드'를 입력하고 '확인'을 누른다.

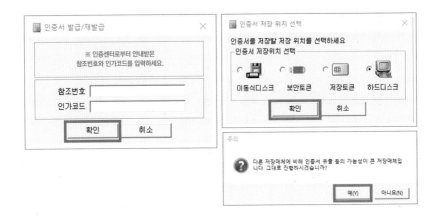

'인증서를 저장할 저장위치'를 선택, '확인'을 누르고 입력한 내용이 정확하다면 '예'를 눌러서 인증서를 발급받는다.

부동산 전자계약시스템은 다음과 같다.

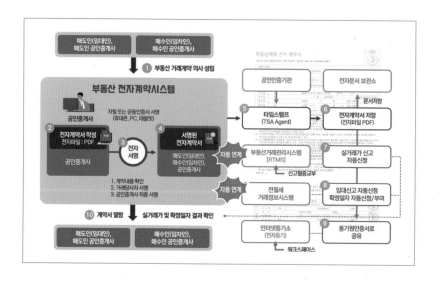

부동산 전자계약시스템의 장점은 다음과 같다.

첫째, 편리하다.

주택임대차계약의 확정일자, 임대차신고 및 부동산 거래신고가 자동으로 신청된다. 도장 없이 계약이 가능하며, 계약서 보관이 필요 없고, 부동산 관련 서류 발급이 최소화된다.

둘째, 안전하다.

이중계약, 사기계약 등을 방지하고, 거래 당사자의 신분 확인이 철저하며, 무자격·무등록자의 불법중개행위 차단과 계약서 위변조 및 확인설명이 부실할 수 있는 것을 방지해 부동산 중개사고가 예방된다.

셋째, 경제적이다.

주택매매, 전세자금대출 시 우대금리가 적용된다. 등기대행수수료도 30% 할인된다.

부동산 전자계약은 매매 시에는 매도인, 매수인이 직접 만나서 계약 작성을 하는 경우가 더 정확하고 확실할 수 있다. 다만 임대차인 경우에는 은행대출 시에 우대금리가 적용되기 때문에 전자계약 작성을 우선으로 하는 것을 권장한다.

다음에서 부동산 임대차 전자계약 작성에 대해서 알아보자.

☑ 부동산 임대차 전자계약 작성

1. 부동산 거래 전자계약시스템(https://irts.molit.go.kr)에 접속한다.

2. 회원유형 선택 탭에서 공인중개사 하단의 '가입하기' 버튼을 클릭한다.

3. 정보 입력 탭에서 기본정보 및 휴대폰 인증 및 공인중개사 사
   진을 등록한다.

4. 공동인증서 등록 및 전자결제서비스 이용등록(선택사항) 후 회
   원가입을 완료한다.

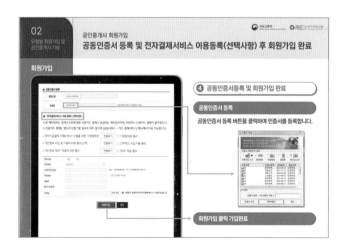

5. 부동산 거래 전자계약시스템(irts.molit.go.kt)에 접속 후 로그인한다.

6. 다음과 같이 '전자계약'–'나의 전자계약'을 클릭한다.

혁신적인 마케팅 전략으로 초보 공인중개사 벗어나기

7. 나의 전자계약화면 : 계약 상태조회, 계약 검색조회, 계약 물건
위치 계약서 확인, 계약 상태별 페이지 이동 등이 나온다.

☑ 부동산 임대 전자계약서 작성

1. '계약서 불러오기-부동산 물건정보 초기화-용도 선택' 작성단계

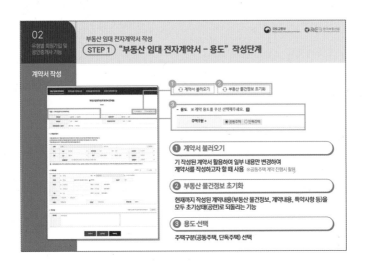

2. '지역 선택-도로명주소 선택-동·호 정보 선택/물건 선택' 클릭

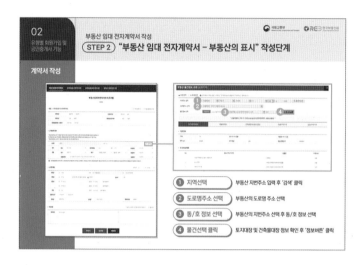

3. '부동산 임대 전자계약서-부동산의 표시' 작성단계

4. 부동산 표시 '전용면적 확인 및 입력'

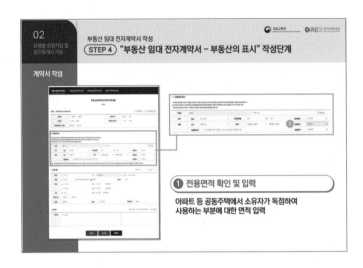

5. '계약 내용 입력(보증금, 계약금, 영수자, 중도금 및 잔금 등에 대한 정보 입력)' 단계

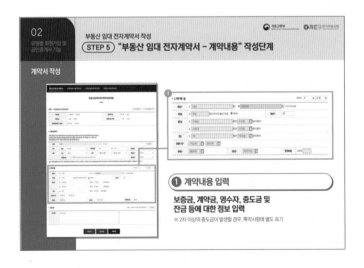

6. 특약사항 입력(거래 당사자 간 합의 내용을 직접 작성하거나, 기작성된 내용을 활용해 입력)

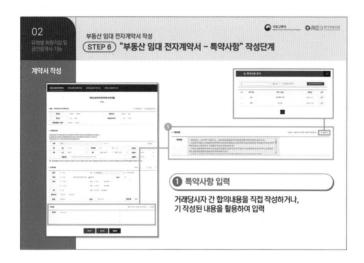

7. '부동산 임대 전자계약서' 작성 완료단계

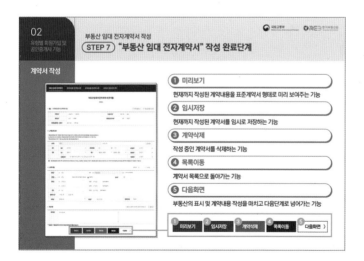

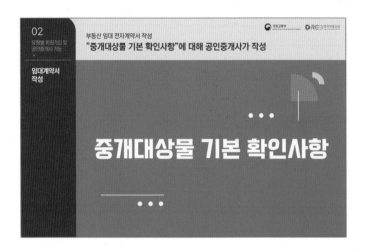

1. 중개대상물 확인·설명 근거자료 등, 대상 물건의 상태에 관한 자료 요구사항

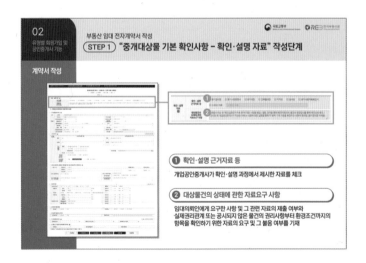

2. 대상 물건의 표시는 토지대장 및 건축물대장 등을 확인해 잘못
   입력된 사항을 수정

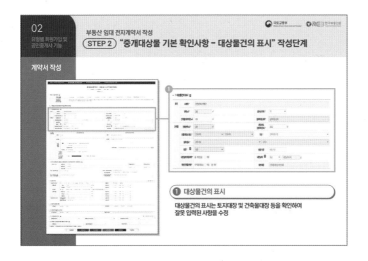

3. 권리관계의 '등기부기재사항'은 등기사항증명서를 확인해 입력

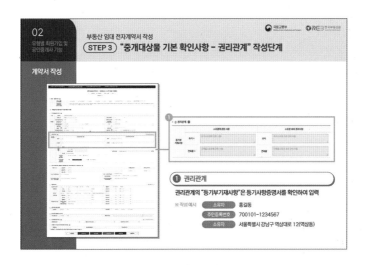

4. 토지이용계획, 공법상 이용제한 및 거래규제에 관한 사항(토지) 작성

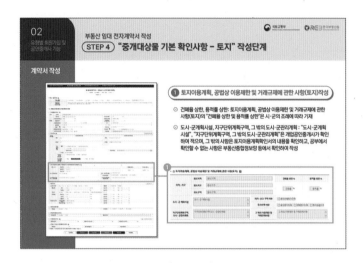

5. 거래 대상 부동산 물건의 인근 입지조건(교통편, 주차장, 교육, 판매 및 의료시설 등)과 소요시간 기재

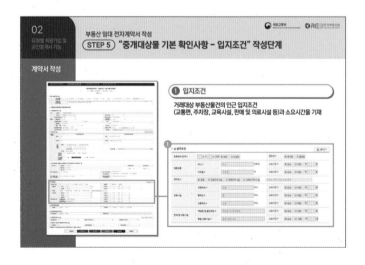

혁신적인 마케팅 전략으로 초보 공인중개사 벗어나기

6. 관리에 관한 사항, 비선호 시설(1km 이내) 작성단계

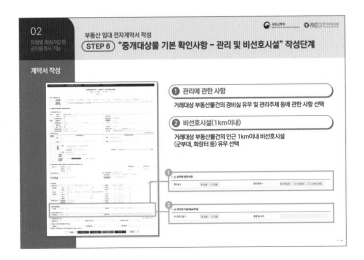

7. 거래예정금액과 취득 시 부담할 조세의 종류 및 세율 작성단계

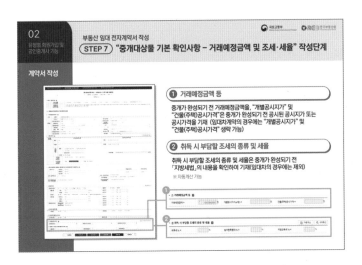

8. '중개대상물 기본 확인사항' 완료단계

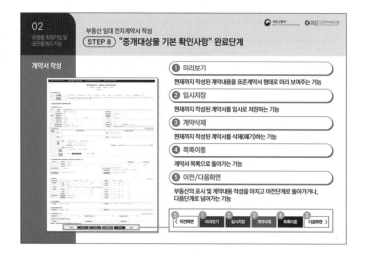

혁신적인 마케팅 전략으로 초보 공인중개사 벗어나기

1. 실제 권리관계 또는 공시되지 않은 물건의 권리 사항

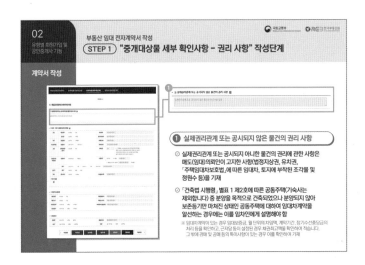

2. 내부·외부 시설물의 상태(건축물)

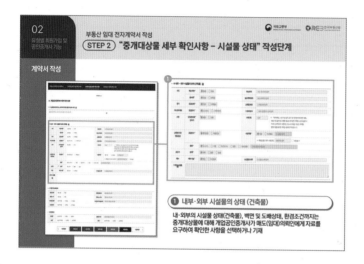

3. 벽면 및 도배 상태, 환경조건 등 작성

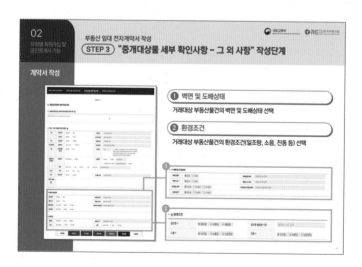

혁신적인 마케팅 전략으로 초보 공인중개사 벗어나기

4. 중개대상물 세부 확인사항 완료단계

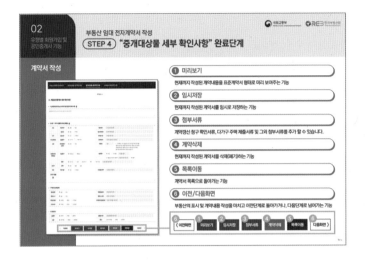

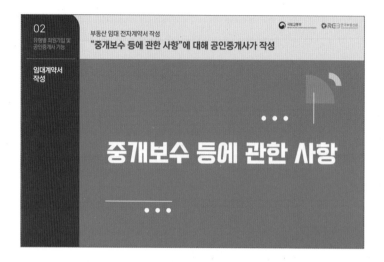

1. '중개보수 및 실비의 금액과 산출내역' 작성단계

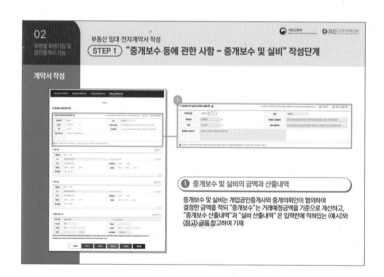

2. '중개보수 등에 관한 사항 – 임대인' 작성단계

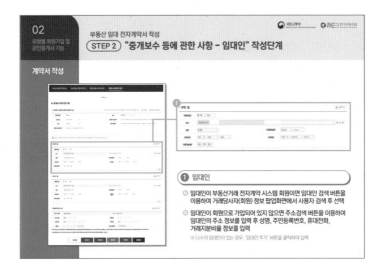

3. '중개보수 등에 관한 사항 – 임차인' 작성단계

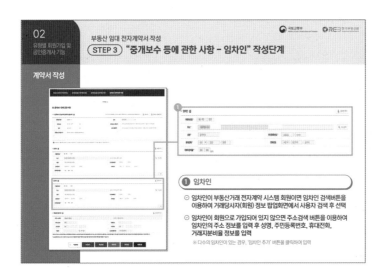

4. '중개보수 등에 관한 사항 – 개업(소속) 공인중개사' 작성단계

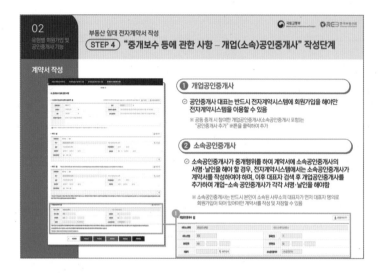

5. '중개보수 등에 관한 사항' 완료단계

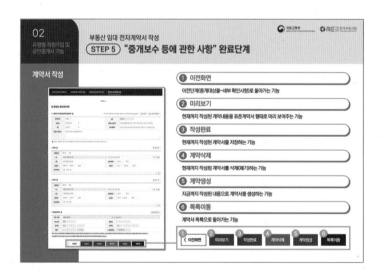

혁신적인 마케팅 전략으로 초보 공인중개사 벗어나기

6. 임대계약서 작성 완료 후 생성된 계약서 확인

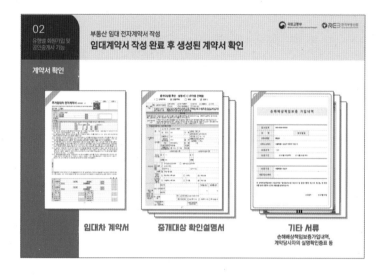

7. 임대계약서 작성 후 조회 화면

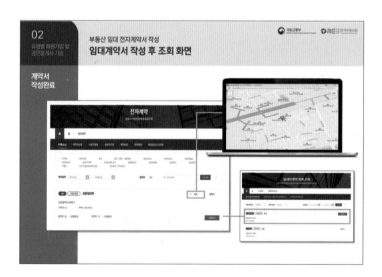

☑ '부동산 전자계약 앱'을 활용한 계약 당사자 간 전자서명

1. 부동산 전자계약 앱 로그인

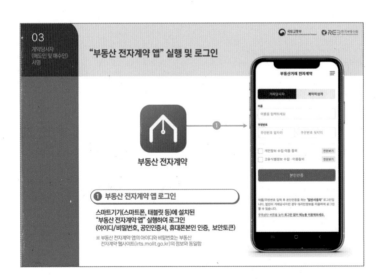

2. 계약 유형 선택 및 계약 목록 조회

3. 부동산 거래계약 대상 목록에서 대상계약서를 선택

4. 휴대본 본인인증을 위한 계약 당사자 정보 확인(매도(임대)인 및 매수(임차)인 절차 동일)

5. 공인중개사 확인 – 부동산 거래계약을 중개하는 공인중개사의 사진을 확인 후 이상 없을 경우, '확인' 클릭

혁신적인 마케팅 전략으로 초보 공인중개사 벗어나기

6. 부동산 전자계약 진행을 위한 약관 동의(매도(임대)인 및 매수(임차)인 절차 동일)

7. 휴대폰 본인인증 통신사 선택, 인증정보 입력

8. 휴대폰 본인인증 '인증번호 입력'(매도(임대)인 및 매수(임차)인 절차 동일)

9. 신분증 촬영(매도(임대)인의 신분증을 스마트기기로 촬영)하고, 하단의 '다음' 버튼을 클릭

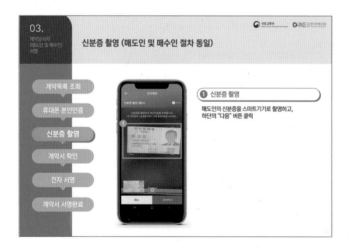

혁신적인 마케팅 전략으로 초보 공인중개사 벗어나기

10. 부동산 거래계약을 위해 작성된 계약서의 모든 내용을 최종
    확인

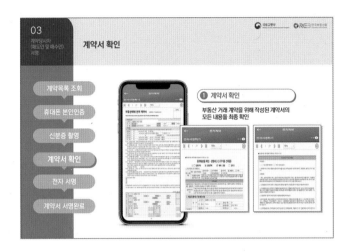

11. 매도(임대)인 및 매수(임차)인의 서명 란을 클릭 후 서명날인
    진행/서명 완료 후 '저장' 버튼 클릭해 서명 입력

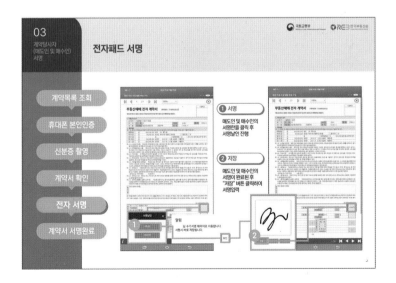

12. 계약서 저장

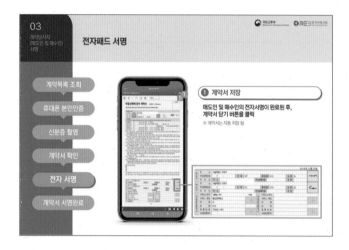

13. 계약서 서명 완료

혁신적인 마케팅 전략으로 초보 공인중개사 벗어나기

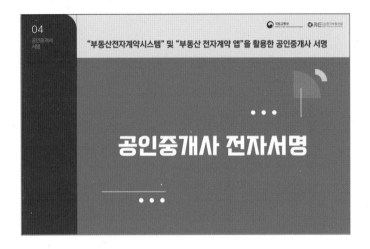

1. 부동산 거래계약 대상 목록에서 확정 대기 중 상태인 대상계약
   서를 선택

2. 계약조회에서 전자계약 최종확정을 위한 대표 공인중개사 확정 서명하기

3. 공동인증서 목록에서 전자계약 최종 확정을 위한 대표 공인중개사 공동인증서 선택

4. 전자계약 최종확정을 위한 공동인증서 암호를 입력하고 '입력' 버튼 클릭

5. 전자계약 최종 확정 서명 완료 확인

6. 전자계약 계약 완료 계약서 확인

7. 전자계약 목록에서 계약 완료 계약서 터치 후 계약서 다운로드 버튼 클릭

8. '나의 전자계약'에서 계약 당사자 간의 전자서명이 완료된 계약의 '확정 대기 중' 버튼을 클릭

9. 공인중개사는 거래 당사자의 서명 여부 및 계약 내용 확인 후 서명버튼을 클릭해 전자서명 진행

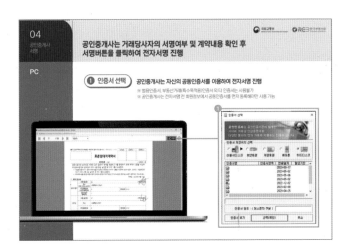

10. 공인중개사 전자서명 완료(시점확인, 공인전자서명)

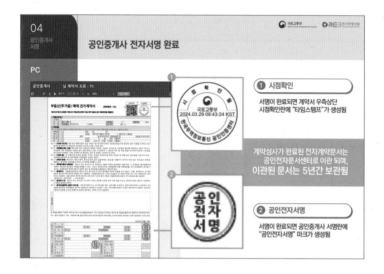

11. 부동산 임대차계약 – 확정일자 확인

혁신적인 마케팅 전략으로 초보 공인중개사 벗어나기

부동산 공인중개사를 위한
필수 기술

부동산 시장은 빠른 기술 발전과 소비자 기대의 증가로 인해 고도로 동적이고 경쟁력 있는 분야로 진화하고 있다. 특히, 성공하는 공인중개사는 새로운 기술 도입을 통해 더욱 효과적인 중개 및 마케팅을 구현하려고 노력하고 있다. 여기에서는 공인중개사가 꼭 알아야 할 필수 기술들에 대해 자세히 다루고, 실현 가능한 전략에 대해 알아보도록 한다.

부동산 데이터 분석과 예측 기술

부동산 데이터 분석은 빅데이터의 활용이 뒷받침되어야 가능하다. 지역의 부동산 거래 내역, 가격 동향, 인구 통계 등의 데이터를 수집하고 분석함으로써 부동산 시장의 동향을 빠르게 파악할 수 있다. 국토교통부 실거래가, 한국부동산원의 부동산통계, KB시세 등을 바탕으로, 부동산 가격의 증감을 파악해 매도·매수 고객에게 바로 이해시킬 수가 있어야 한다.

부동산 데이터 분석을 통해 얻은 정보를 토대로 현지 시장에 대해 정확한 이해를 하는 것이 중요하다. 공인중개사는 지역 특성, 규제 사항, 주변 환경 등을 파악해 고객에게 더욱 신뢰성 있는 상담을 제공할 수 있다.

디지털 마케팅과 온라인 프로모션

공인중개사는 소셜 미디어 플랫폼을 효과적으로 활용해 브랜딩 및 마케팅을 진행할 필요가 있다. 페이스북, 유튜브, 인스타그램, 리뷰 플랫폼 등을 통해 부동산 정보, 추천 매물, 고객 이야기 등을 공유함으로써 더 많은 인지도를 얻을 수 있다.

온라인에서 발생하는 트래픽을 분석하고, 검색 엔진 최적화를 통해 부동산 공인중개사의 웹사이트를 상위에 노출시킬 수 있다. 구글 애널리틱스를 활용해 어떤 키워드가 효과적인지 파악하고, 그에 따른 콘텐츠를 제작해 검색 결과에서 높은 노출도를 유지할 수 있다.

공인중개사는 효과적인 디지털 마케팅을 위해 온라인 광고를 잘 활용하는 것이 중요하다. 특히 구글, 페이스북, 네이버 등에서 타깃 고객층에게 효과적으로 광고를 전달하고, 클릭을 유도함으로써 온라인에서의 고객 유치를 높일 수 있다.

가상 현장 투어와 VR 기술

공인중개사는 가상 현장 투어와 VR(Virtual Reality) 기술을 통해 고객에게 부동산 공간을 실제로 체험할 수 있는 기회를 제공할 수 있다. 이를 통해 고객은 물리적으로 현장에 방문하지 않아도 부동산을 더욱 생생하게 경험할 수 있다.

VR 헤드셋과 3D 모델링 기술을 도입해 부동산 공간을 세밀하게 제공함으로써, 고객은 원격으로도 집의 구조와 레이아웃을 몰입감 있게 살펴볼 수 있다. 이는 특히 국제 고객이나 먼 거리에 있는 고객에게 효과적이다.

확장현실 기술을 이용해 부동산 지역에 대한 정보를 실시간으로 제공함으로써, 고객은 거주 지역의 시설, 교통, 상가 등을 쉽게 확인할 수 있다. 이는 공인중개사가 현장에서 직접 안내하는 것과 유사한 효과를 얻을 수 있다.

클라우드 서비스와 보안 기술

클라우드 서비스를 활용해 공인중개사는 언제 어디서나 업무를 효율적으로 관리할 수 있다. 클라우드 기반의 파일 공유 및 협업 도구를 활용하면 팀 간의 소통과 협업이 원활하게 이루어지며, 업무의 생산성이 크게 향상된다.

A부동산 중개사무소에서는 손님을 모시고 필자 부동산 매물인 아파트 구경을 하러 왔는데, A부동산 중개사무소에서는 손에 지도와 노트를 들고 나왔고, 필자의 부동산 중개사무소는 휴대폰으로 클라우드를 이용해 정보를 한눈에 보고 있었더니 손님들도 진화된 필자의 부동산의 정보에 더 호감을 보였다.

부동산 거래는 매우 민감한 정보를 다루기 때문에 강력한 보안 기술의 적용이 필수적이다. 이메일 암호화, 클라우드 보안 솔루션, 그리고 안전한 웹사이트 운영 등을 통해 고객의 개인 정보를 안전하게 보호해야 한다.

부동산 거래의 데이터는 중요하며, 장애나 사고로부터의 대비를 위해 데이터 백업 및 회복 전략을 마련하는 것이 중요하다. 정기적인 데이터 백업과 고객 정보의 안전한 보관은 신뢰성 있는 공인중개사의 기반이 된다.

혁신적인 마케팅 전략으로 초보 공인중개사 벗어나기

최근 사례로 네이버 오피스에 등록된 정보를 백업받지 못한 상태에서 2023년 12월 27일 종료가 되어버렸다. 중요한 정보의 백업은 일주일에 1번 또는 한 달에 1번이라도 백업을 해놓아야 한다.

공인중개사를 위한 필수 기술은 부동산 시장에서 더욱 효과적인 서비스를 제공하고, 혁신적인 성공을 이루기 위한 중요한 도구다. 데이터 분석과 예측, 디지털 마케팅과 온라인 프로모션, 가상 현장 투어와 VR 기술, 그리고 클라우드 서비스와 보안 기술 등을 종합적으로 활용하면 고객에게 최상의 부동산 경험을 제공할 수 있으며, 경쟁력 있는 부동산 시장에서 성공적으로 존속할 수 있다.

초보 공인중개사들의
어려움 극복하기

　　부동산 업계에 처음 발을 딛는 순간은 흥미로운 동시에 막막한 순간일 수 있다. 특히 초보 공인중개사들은 새로운 환경, 다양한 업무, 그리고 경쟁적인 시장에서 입지를 찾는 데 어려움을 겪을 수 있다. 이러한 어려움을 극복하고 성공적인 경력을 쌓는 데 필요한 전략과 자세를 알아보자.

부동산 업계의 복잡성 이해하기

　　부동산 업계는 매우 다양하고 동적인 특성이 있다. 지역마다 시장 조건이 다르고, 정부 정책의 영향을 받기도 한다. 초보 공인중개사들은 먼저 부동산 시장의 흐름과 동향을 이해하는 데 시간을 투자해야 한다. 이를 위해 지역의 부동산 시장을 리서치하고 성공한 공인중개사들의 움직임을 철저히 파악해야 한다.

부동산 업계에서의 업무는 다양하게 분화되어 있다. 거래 중개, 시장 분석, 마케팅, 법률적인 측면 등 다방면의 업무가 수반되기 때문에 초보 공인중개사들은 전반적인 지식과 함께 세부 분야에서의 전문성을 쌓아가야 한다. 특히 디지털 기술과 데이터 분석 등 현대적인 도구와 기술에도 익숙해져야 한다.

부동산 시장은 경쟁이 치열한 분야다. 초보 공인중개사들은 자신만의 강점과 특별한 전문성을 찾아내어 경쟁에서 두각을 나타내야 한다. 이를 위해 자기계발과 교육에 투자하고, 동시에 다양한 경험을 쌓아나가는 것이 중요하다.

네트워킹의 힘 활용하기

부동산 업계에서의 성공은 네트워킹 능력에도 크게 의존한다. 다양한 사람들과의 관계를 형성하고, 기존 경력 공인중개사들과의 교류를 통해 새로운 기회를 만들어낼 수 있다. 경력 공인중개사들의 온라인 광고(네이버, 유튜브, 카페, 블로그) 등을 벤치마킹한다.

초보 공인중개사는 경험 많은 멘토의 지도와 조언을 받는 것이 중요하다. 멘토의 경험을 통해 업계의 숨은 비밀과 노하우를 습득할 수 있으며, 지속적인 성장을 이룰 수 있다. 조언은 자신의 전문 분야에서 빠르게 성장하고 발전하는 데 도움이 된다.

네트워킹은 단순히 동료들과의 연결뿐만 아니라, 잠재적인 고객과의 관계도 포함된다. 초보 공인중개사들은 클라이언트들과 효과적으로 소통하고 신뢰 관계를 구축하는 데 중점을 두어야 한다. 이를 통해 장기적인 성공을 위한 기반을 다질 수 있다.

지속적인 교육과 자기계발

부동산 시장은 끊임없이 변화하고 있다. 초보 공인중개사는 지속적인 교육을 통해 최신 트렌드와 기술에 대한 이해를 높여야 한다. 이를 통해 시장에 뒤처지지 않고, 고객에게 가치 있는 조언을 제공할 수 있다.

부동산 업계에서는 적절한 자격증을 보유하고 있어야 신뢰를 얻을 수 있다. 초보 공인중개사는 해당 국가 또는 지역의 요구에 맞는 자격증을 취득하는 데 주력해야 한다. 또한 전문 교육 프로그램을 수강해 높은 수준의 전문성을 갖추는 것이 중요하다.

세종시 나성동의 'H공인중개사'는 전문 교육기관에서 유튜브 수업을 받아서 유튜브 구독자와 소통을 하며 업무를 효율적으로 다져나가고 있다. 필자 또한 세종에서 서울로 일요일마다 올라가서 전문기관에서 교육을 받았다. 부동산 업계에서의 성장은 자기계발과 지속적인 개선에 기반한다. 초보 공인중개사들은 피드백을 개방적으로 받아들이고, 자신의 부족한 부분을 개선하기 위해 노력해야 한다. 지속적인 성장을 위해서는 자기 평가와 개선의 루틴을 만들어 내야만 한다.

자신만의 브랜드 구축하기

부동산 업계에서 초보 공인중개사들은 자신만의 독특한 개성과 브랜드를 구축하는 것이 중요하다. 개인 브랜딩을 통해 자신의 강점과 전문성을 강조하면, 고객들은 더 쉽게 신뢰할 수 있고, 공인중개사의 자격을 높일 수 있다. 초보 공인중개사들은 온라인에서 자신의 프로필을 효과적으로 관리하고, 소셜 미디어를 적극적으로 활용해야 한다. 페이스북, 유튜브, 인스타그램, 카페, 블로그 등을 통해 자신의 경력, 성과, 그리고 지식을 공유하고, 클라이언트와 소통하는 것은 중요한 전략이다.

지역 사회와의 협력과 참여는 개인 브랜드를 구축하는 데 큰 역할을 한다. 지역의 이벤트나 사회 활동에 적극적으로 참여하면, 자신을 더불어 지역의 일원으로 소개하고, 신뢰도를 높일 수 있다.

초보 공인중개사가 부동산 업계에서 어려움을 극복하고, 성공적으로 출발하기 위해서는 지속적인 학습과 네트워킹, 자기계발, 그리고 개인 브랜드의 구축이 필수적이다. 현업 경력 공인중개사들의 조언과 경험을 수용하며, 지속적인 노력과 열정으로 부동산 업계에서의 성공을 이끌어내길 바란다. 부동산은 변화무쌍한 시장이지만, 변화에 적응하고 발전하는 노력은 언제나 성공으로 이어진다.

혁신적인 마케팅 전략으로 초보 공인중개사 벗어나기

부동산 업계에서
네트워킹의 힘

부동산 업계에서 성공적으로 나아가기 위해서는 네트워킹이 중요한 역할을 한다. 초보자부터 베테랑까지 모든 공인중개사에게 네트워킹은 비즈니스를 성장시키고 기회를 찾는 핵심 요소다.

부동산 업계에서의 네트워킹의 중요성

부동산 업계에서 네트워킹은 간단히 말해 관계를 구축하고 유지하는 과정이다. 이 관계는 동료, 클라이언트, 업계 내 전문가들과의 연결을 포함한다. 네트워킹은 단순한 소셜 활동 이상으로, 신뢰와 협력을 바탕으로 한 지속적인 연결 과정이다.

부동산은 인간 중심의 산업이기 때문에, 인간 간의 관계가 핵심이다. 매물의 성공적인 거래, 정보의 교환, 그리고 신규 클라이언트 확보 등 모든 부분에서 네트워킹이 결정적인 역할을 한다. 부동산은 지역성이 강하고 신뢰가 중요한 산업으로, 네트워킹은 더욱 중요한 역할을 한다. 네트워킹은 단기적인 이익뿐만 아니라 장기적인 가치를 창출한다. 부동산 업계에서는 장기적이고 신뢰성 있는 관계를 구축하는 것이 중요하다. 네트워킹을 통해 얻은 신뢰는 긴 시간 동안 협력과 기회를 제공하게 된다.

부동산 네트워킹의 주요 수단

부동산 업계의 이벤트와 세미나는 네트워킹을 하는 데 최적의 장소다. 이곳에서는 새로운 지식을 습득할 뿐만 아니라, 동료들과 만나 대화하고 관계를 형성하는 기회가 주어진다. 예를 들어, 각 지역의 부동산 협회가 주최하는 행사는 지역에서 활동하는 전문가들과 소통하는 데 이상적인 장소다.

인터넷의 발전으로 온라인 플랫폼은 중요한 네트워킹 수단으로 부상하고 있다. 소셜 미디어 플랫폼(LinkedIn, Facebook 등)을 통해 업계 전문가들과 연결하고, 그룹 참여를 통해 지식을 공유하며 관계를 형성하는 것이 가능하다. 또한, 온라인 부동산 포럼이나 커뮤니티

혁신적인 마케팅 전략으로 초보 공인중개사 벗어나기

에서 다양한 전문가들과 소통하는 것 역시 효과적이다.

부동산 업계에서 성공한 공인중개사들은 주로 멘토링과 상담을 통해 후배들에게 지식과 경험을 전수한다. 멘토링은 양측에 이익을 주는 활동으로, 초보 공인중개사는 노련한 경력 공인중개사의 지혜를 얻을 수 있고, 멘토는 새로운 시각과 아이디어를 받게 된다.

부동산 업계 네트워커의 성공적인 전략

고객에게 개별화된 서비스를 제공해 그들의 특별한 요구에 부응한다. 이를 통해 만족도를 높이고, 기존 고객들로부터 추천을 받아 신규 고객을 확보할 수 있다.

이는 네트워킹, 디지털 마케팅, 지역 사회 참여 등을 종합적으로 활용해 부동산 업계에서 성공을 거둔 네트워커들의 전략이다. 성공적인 부동산 네트워킹은 꾸준한 노력과 전략적 사고의 결과로 나타난다. 네트워킹을 시작하기 전에 명확한 목표를 설정하는 것이 중요하다. 목표는 새로운 클라이언트 확보, 지식 습득, 혹은 새로운 파트너십 형성 등 다양할 수 있다. 목표를 설정함으로써 효과적으로 리소스를 활용할 수 있다.

만들어진 관계를 관리하고 유지하는 것이 네트워킹의 핵심이다. 주기적으로 연락을 취하고 소식을 공유하며 상호 협력의 기회를 모색하는 것이 중요하다. 네트워킹은 일회성의 행사가 아니라 지속적인 활동이어야 한다. 네트워킹은 오프라인과 온라인에서 모두 이루어질 수 있다. 다양한 플랫폼과 방식을 활용해 최대한의 기회를 찾아야 한다. 이벤트, 소셜 미디어, 온라인 포럼 등 다양한 수단을 적극적으로 활용하는 것이 필요하다.

필자는 지역 부동산 커뮤니티에 적극적으로 참여해 지역 내 동향 및 주요 이슈를 파악한다. 지역 주민, 다른 부동산 투자 전문가, 지방 정부 관계자와의 소통을 통해 지역 특화된 서비스를 제공하고 더 많은 고객과 연결되고 있다.

필자는 소셜 미디어, 디지털 플랫폼을 적극적으로 활용해 자신의 브랜드를 홍보하고 부동산 서비스에 대한 가치를 전달한다. 예를 들어, 부동산 시장 동향에 대한 정보를 유튜브, 블로그, 카페에 정기적으로 업데이트해 고객에게 정보와 부동산 투자에 관한 팁을 제공하고 있다.

현재 필자가 운영하는 유튜브(www.youtube.com/@dabok8949)

필자가 협업으로 운영하는 유튜브(www.youtube.com/@TV-ql7nm)

법률 및 윤리적 고려 사항 탐색하기

부동산 업계는 급변하는 시장과 다양한 거래 과정으로 인해 법률 및 윤리적인 측면에서 깊은 이해가 필요한 분야 중 하나다. 이 장에서는 부동산 거래에서 발생할 수 있는 다양한 법적 문제와 윤리적 고려 사항을 살펴보려고 한다.

부동산 거래에서의 법적 문제

부동산 거래에서 가장 중요한 법적 문제 중 하나는 거래계약이다. 거래계약은 구매자와 판매자 간의 합의를 문서화하고, 법적으로 구속력을 부여한다. 이 단계에서 공인중개사는 모든 조건과 조항을 명확하게 기재하고 이해하는 것이 중요하다.

손님이 부동산을 구매할 때, 소유권과 권리의 이전이 정확하게 이루어져야 한다. 이를 위해 법적으로 부동산의 소유자 변경 및 기타 필요한 절차를 수행하는 것이 중요하며, 이는 법률 전문가의 지도가 필요한 경우가 많다.

부동산 거래는 지역의 토지 이용과 주택 건설 규제에 영향을 받는다. 지역의 용도 지정, 건축 규칙, 환경 규제 등을 고려하지 않으면 거래가 법적 문제에 직면할 수 있다.

부동산 거래는 종종 대출이 관련되어 있다. 계약 전에 대출 문제에 관해서 미리 충분한 상담을 통해서 필요한 대출을 할 수 있도록 충분한 안내가 있어야 한다.

부동산 거래에서의 윤리적 고려 사항

공인중개사는 거래 당사자들에게 솔직하고 투명해야 한다. 부동산 거래에서 정보를 숨기거나 왜곡하는 것은 윤리적으로 허용되지 않으며, 신뢰를 훼손할 수 있다. 이중(양쪽) 대리는 공인중개사가 구매자와 판매자를 동시에 대리하는 상황을 의미하며, 공인중개사는 이중 대리를 하면 안 된다.

공인중개사는 고객의 이해와 요구사항을 최우선으로 고려해야 한다. 고객의 이익을 최대한 고려하지 않고 거래를 추진하면 윤리적 문제가 발생할 수 있기 때문이다. 공인중개사는 고객과의 관계에서 발생한 정보를 기밀로 유지해야 한다. 거래 과정에서 획득한 정보는 고객의 동의 없이 공개되어서는 안 되며, 이는 윤리적인 책임의 일환이다.

법률 및 윤리적 고려 사항을 준수하기 위한 전략

부동산 거래에서 법률 및 윤리적 문제에 직면했을 때, 전문가 상담이 중요하다. 부동산 법률 전문가와 협력해 거래에 필요한 모든 법적 문제를 신속하게 해결할 수 있다. 부동산 법률과 윤리 규정은 지속적으로 변경되기 때문에, 공인중개사는 꾸준한 교육과 업데이트가 필요하다. 최신 동향을 파악하고 법률적 변경사항에 대비하는 것이 중요하다.

공인중개사는 윤리적으로 투명한 거래를 위해 내부 규정과 윤리적 지침을 수립해야 한다. 이는 모든 거래 당사자가 이해할 수 있고 따르기 쉽도록 설계되어야 한다. 부동산 거래에서의 법률 및 윤리적 고려 사항은 모든 공인중개사에게 필수다. 부동산 업계에서 성공하기 위해서는 항상 법률과 윤리를 염두에 두고 거래를 진행하는 것이 필요하다. 이를 통해 안정적이고 윤리적인 부동산 활동을 펼치며, 고객과의 신뢰를 쌓아나갈 수 있을 것이다.

부동산에서의 성공을 위한 첫걸음

부동산 업계에서 성공을 하기 위해서는 목표와 기대치를 현실적으로 설정하는 것이 필수다. 특히 초보 공인중개사들에게는 많은 도전과 어려움이 있을 수 있으므로, 이러한 상황에서 어떻게 목표를 세우고 기대치를 조절해야 하는지에 대한 지침이 필요하다.

현실적인 목표의 중요성

목표는 공인중개사에게 방향과 의미를 부여하는 핵심적인 도구다. 목표를 통해 어디를 향해 나아가고, 어떤 결과를 얻고자 하는지를 명확히 이해할 수 있다. 특히 초보 공인중개사에게는 목표가 전체 경력을 총괄하는 지침 역할을 한다.

현실적인 목표는 실현 가능하고 구체적인 목표다. 모호하거나 현실적으로 이룰 수 없는 목표를 설정하면 오히려 실망과 스트레스를 유발할 수 있다. 현실적인 목표는 개인의 역량과 상황을 고려해 설정되어야 한다. 목표 설정은 구체적인 계획을 수립하는 단계를 포함한다. 목표를 세울 때는 큰 그림부터 시작해 세부적인 계획을 세우는 것이 중요하다. 이러한 접근은 목표를 달성하기 위한 구체적인 행동 계획을 마련하는 데 도움이 된다.

기대치 설정의 중요성

기대치는 공인중개사가 자신에게 설정한 목표에 대한 예상 성과를 나타낸다. 현실적이고 합리적인 기대치를 설정하면 성과에 대한 이해도가 높아지며, 부동산 경력을 지속적으로 성장시키는 데 도움이 된다. 기대치 설정은 종종 개인의 고정관념과 부딪히는 경향이 있다. 공인중개사는 지속적인 학습과 개선의 의지를 갖고, 새로운 도전에 대한 오픈 마인드를 유지해야 한다.

초보 공인중개사의 목표 및 기대치 조절 전략

초보 공인중개사는 지속적인 학습과 발전을 통해 빠르게 성장할 수 있다. 시장 동향, 법률 규정, 마케팅 전략 등에 대한 학습은 목표를 달성하는 핵심이다. 경험이 풍부한 공인중개사로부터 조언을 받는 것은 목표 달성의 지름길이다. 멘토십은 초보자에게 경험과 지혜를 전수받을 수 있는 기회를 제공한다.

목표를 세우고 노력했음에도 불구하고 실패는 불가피하다. 실패에서는 어떤 교훈을 얻을 수 있었는지를 항상 고민하고, 필요한 경우 목표와 전략을 재평가해 수정하는 것이 중요하다.

공인중개사의 성공은 현실적인 목표와 합리적인 기대치를 설정하고, 이를 지속해서 조절하는 것에서 비롯된다. 초보자라면 더욱 지속적인 학습과 발전, 경험이 풍부한 전문가의 조언을 수용하는 자세가 필요하다.

부동산에서의 지속적인 성공을 위한 핵심 전략

    고객 중심의 접근 방식은 공인중개사에게 핵심적인 가치 중 하나다. 성공적인 부동산 경력을 쌓기 위해서는 고객을 중심으로 한 서비스 제공이 필수다. 고객 중심 접근 방식이 공인중개사에게 어떠한 중요성을 가지며, 이를 어떻게 채택해나갈 수 있는지에 대해 살펴본다.

고객 중심의 중요성

    부동산 비즈니스는 고객에게 중심을 두고 있다. 매매·임대·투자 등 부동산 거래는 모두 고객과의 관계에서 비롯되며, 고객의 만족과 신뢰는 공인중개사의 성과를 결정짓는다. 고객 중심의 접근 방식은 고객의 니즈와 기대에 주목하고, 이를 충족시키기 위해 끊임없이 노력하는 것을 말한다. 이는 단순히 거래의 완결에 그치지 않고, 장기적인 고객관계의 구축과 유지를 의미한다.

고객 중심의 접근 방식은 고객 만족을 향한 여정이다. 이 여정에는 신뢰의 쌓임, 개인화된 서비스 제공, 효과적인 커뮤니케이션, 고객의 피드백 수용 등이 포함된다.

고객 중심 전략의 핵심 요소

고객과의 신뢰는 공인중개사에게 있어 가장 중요한 자산 중 하나다. 신뢰를 쌓기 위해서는 항상 투명하고 솔직한 태도로 일하며, 고객의 이익을 최우선으로 고려해야 한다.

필자의 고객 중 한 분은 가을 추수에 직접 농사지으신 쌀을 보내주시기도 하고, 참기름을 직접 농사지어서 짠 것이라고 가져오시고, 매년 김장철에 김치를 보내주시기도 한다. 좋은 인연에 감사함을 느끼고 있다. 신뢰를 바탕으로 한 소중한 인연이다.

고객은 개인의 니즈와 선호도에 따라 서비스를 원한다. 공인중개사는 고객과의 관계를 개별적으로 존중하고, 개인화된 서비스를 제공함으로써 고객의 만족도를 높일 수 있다. 원활한 커뮤니케이션은 고객과의 관계에서 핵심적인 역할을 한다. 공인중개사는 고객과의 소통을 잘 이끌어내며, 항상 열린 마음으로 피드백을 수용해야 한다.

공인중개사는 고객의 의견과 피드백을 주시하고, 이를 바탕으로 서비스의 품질을 향상시키는 데 힘써야 한다. 고객의 피드백은 지속적인 성장과 개선의 기회다.

초보자를 위한 고객 중심 전략 수립

초보 공인중개사는 먼저 고객에 대한 깊은 이해를 바탕으로 서비스를 제공해야 한다. 고객의 베드록 니즈(Bedrock Needs)와 욕구를 파악하고, 그에 맞는 솔루션을 찾아야 한다.

초보 공인중개사는 세심한 소통 습관을 갖춰야 한다. 고객과의 상호작용에서 세심한 주의를 기울이고, 고객이 언제든지 편안하게 질문할 수 있게 해야 하고, 그에 맞는 피드백을 주도록 노력해야 한다. 고객 피드백에 대한 긍정적인 태도는 성공의 열쇠 중 하나다. 초보 공인중개사는 부정적인 피드백도 성장의 기회로 바라보고, 지속적인 개선을 위해 노력해야 한다.

고객 중심의 접근 방식은 공인중개사가 지속해서 성공을 찾기 위한 필수 전략 중 하나다. 초보 공인중개사들은 특히 고객과의 관계에서 성공의 열쇠를 찾기 위해 고객 중심 전략을 적극적으로 수용하고 발전시켜나가기를 바란다.

미래를 준비하는
지혜

부동산 업계는 기술의 발전으로 빠르게 변화하고 있다. 이러한 변화 속에서 경력 공인중개사들은 기술을 적극적으로 활용해 효율성을 높이고, 더 나은 서비스를 제공하는 데 주력하고 있다.

부동산 업계에서의 기술의 역할

부동산 업계에서의 기술은 혁신의 중심 역할을 하고 있다. 가상 현실(VR), 인공지능(AI) 등의 기술이 도입되면서 부동산 거래 방식은 과거와는 비교할 수 없이 빠르게 변화하고 있다.

부동산 기술의 발전은 고객 경험을 혁신적으로 바꾸고 있다. 가상 투어, 3D 모델링, 온라인 거래 플랫폼 등을 통해 고객은 더욱 편리하게 부동산 시장을 탐험하고 거래를 진행할 수 있게 되었다. 기술의 활용은 공인중개사들의 업무 효율성과 생산성을 향상시키고 있다. 자동화된 프로세스, 데이터 분석 도구, 클라우드 기술 등을 통해 업무 과정이 더욱 효과적으로 진행되고 있다.

부동산 업계에서의 핵심 기술

부동산 시장에서는 가상 현실(VR)과 3D 모델링이 강력한 무기로 부상하고 있다. 이를 통해 고객은 물리적으로 현장에 가지 않아도 부동산을 체험하고 검토할 수 있다.

인공지능(AI)과 빅데이터 분석은 부동산 거래의 효율성을 증대시키고 예측 모델을 개발하는 데 기여하고 있다. 이를 통해 투자 가능성을 높이고, 시장 동향을 더 정확하게 파악할 수 있다.

초보 공인중개사의 부동산 기술 적응 전략

초보 공인중개사들은 기술의 발전에 뒤처지지 않기 위해 꾸준한 학습과 적응이 필요하다. 신기술의 등장과 변화에 민감하게 대응해 자신의 경력에 적용할 수 있는 능력을 키워야 한다. 초보 공인중개사들은 경험이 풍부한 경력 공인중개사들과의 협력을 통해 기술의 활용 방법을 배울 수 있다. 멘토십과 협업을 통해 실무적인 노하우를 습득할 수 있다.

필자는 전문지식 나눔을 실행하고 있다. 자기계발로 앞장서 나아가면서 내가 배우는 지식을 동료 공인중개사들에게 나눔을 실행하기 위해서 일주일에 1번씩 매주 금요일 유튜브와 블로그 강의 등을 진행하고 있다. 이러한 교육에 일반인들도 참가해주고 있다.

초보 공인중개사들은 새로운 기술 도구와 플랫폼을 적극적으로 탐색해보아야 한다. 온라인 거래 플랫폼, 데이터 분석 도구 등을 활용해 자신의 경력을 향상시키고, 유튜브 등을 통해 고객과 소통해야 한다.

세종시의 '웰컴세종 공인중개사'는 필자에게서 유튜브 교육을 받고, 현재는 본인 유튜브 채널과 블로그를 운영하며 고객을 유치하고 있다. 꾸준한 자기계발은 본인의 몫이다.

세종시 나성동 웰컴세종 부동산 유튜브
(www.youtube.com/@user-fp7gy7fp8l)

세종시 나성동 나성현대 부동산 유튜브
(www.youtube.com/@8949tv)

세종시 '나성현대 공인중개사'의 열정도 대단하다. 서울에서 교육도 받고, 필자와 함께 유튜브 공부도 하면서 초석을 다지고 있는 중개사로서 현장에서 마케팅으로 거듭날 준비를 하는 중개사다.

부동산 업계에서의 기술 활용은 더 나은 서비스 제공과 경력 성공을 위한 필수 전략이다. 초보 공인중개사들은 경력 공인중개사들이 어떻게 미래를 준비하는지를 살펴보면서 적극적인 학습과 협력으로 더 나은 미래를 준비해나갈 것을 권장한다.

성공을 위한
강력한 기반 구축

부동산에서의 성공은 무작위가 아닌 철저한 기반과 전략에서 비롯된다. 공인중개사들이 어떻게 강력한 기반을 구축하고, 성공을 창출하는지에 대해 알아보자.

강력한 기반의 중요성

부동산은 매우 경쟁적인 분야이며, 성공적인 경력을 쌓기 위해서는 강력한 기반의 필요성이 더욱 강조된다. 기반은 전문성, 신뢰성, 네트워킹 능력 등으로 이루어져 있다. 강력한 기반은 전문적인 지식과 기술, 탁월한 의사소통 능력, 신뢰할 수 있는 네트워크, 그리고 꾸준한 자기계발 등으로 이루어진 종합적인 개념이다. 이러한 기반이 없다면 변화하는 부동산 시장에서 공인중개사로서 성공하기는 어렵다.

전문성과 지식의 획득

부동산에서의 전문성은 기반을 쌓기 위한 필수 조건 중 하나다. 특정 지역, 유형, 또는 시장 세그먼트에서 전문성을 갖는 것은 신뢰를 쌓고, 고객의 기대를 초월하는 서비스를 제공하는 데 도움이 된다. 이론적인 지식뿐만 아니라 현장에서의 실전 경험도 강력한 기반의 일부다. 실제 거래에서 얻은 경험은 이론적 지식을 현실에 적용하는 데 큰 도움이 된다.

의사소통 능력의 향상

강력한 기반을 쌓기 위해서는 탁월한 의사소통 능력이 필수적이다. 고객과의 원활한 소통은 신뢰를 쌓고, 거래의 원활한 진행을 돕는다. 커뮤니케이션 스킬은 매우 다양한 상황에서 요구되는 능력이다. 이는 글로벌 시장에서의 네트워킹, 클라이언트와의 상담, 팀 내 의사소통 등 다양한 영역에서 필요하다.

신뢰할 수 있는 네트워크의 형성

신뢰할 수 있는 네트워크는 공인중개사에게 큰 가치를 제공한다. 협력 관계, 정보 교환, 그리고 비즈니스 기회의 발견 등 다양한 측면에서 네트워크는 기반의 핵심을 이룬다. 주기적인 네트워킹 활동은 신뢰할 수 있는 비즈니스 파트너와의 연결을 가능하게 한다. 세미나, 컨퍼런스, 소셜 이벤트 등을 통해 다양한 인맥을 형성하고 관리하는 것이 중요하다.

세종시 공인중개사의 유튜브 연합모임인 '세○○부동산 tv' 채널이 있다. 본인 채널을 키우기가 어렵기에 연합 채널에 각자의 홍보 마케팅을 하며, 동료 공인중개사들과 업무 협력을 하고 있다. 30여 명의 연합 채널방에 홍보하는 것이 본인의 채널에 홍보하는 것보다 더 많은 효과를 보고 있다.

공인중개사의 꾸준한 자기계발의 중요성

부동산 시장은 끊임없이 변화하고 있다. 이에 대응하기 위해서 공인중개사는 꾸준한 자기계발을 해야 한다. 지속적인 학습은 강력한 기반을 유지하는 데 도움이 된다. 교육 프로그램, 세미나, 온라인 강의 등을 통해 전문성을 지속적으로 강화하는 것이 중요하다. 부동산 법률, 시장 동향, 기술 도입 등에 대한 최신 정보를 습득하는 것이 공인중개사로서의 강력한 기반을 유지하는 데 도움이 된다. 전문성, 의사소통 능력, 네트워킹, 그리고 꾸준한 자기계발은 성공의 기반을 형성하는 주요 요소다. 초보 공인중개사들은 이것을 기반으로 부동산 시장에서의 성공을 향해 나아갈 수 있을 것이다.

2장

부동산 성공을 위한
마케팅 전략

부동산 마케팅의
기초

부동산 시장에서의 성공은 뛰어난 부동산 마케팅 전략에 달려 있다. 효과적인 마케팅은 매물의 노출을 높이고, 고객과의 유대감을 형성하는 데 결정적인 역할을 한다. 이 장에서는 초보 공인중개사들이 부동산 시장에서 성공을 거두기 위한 핵심 원리를 제시한다.

부동산 마케팅의 개념과 중요성

부동산 마케팅은 부동산 매물을 홍보하고, 고객을 유치하는 전략적인 노력의 집합체다. 이는 광고, 디지털 마케팅, 개인 브랜딩 등 다양한 요소를 통합해 구성된다. 부동산 시장은 경쟁이 치열하고 고객들은 다양한 옵션을 가지고 있다. 따라서 고객을 끌어들이고 유지하기 위해서는 뛰어난 마케팅 전략이 필수다.

부동산 마케팅의 기본 요소

부동산 마케팅의 시작은 목표 설정이다. 명확한 목표는 마케팅 전략을 효과적으로 계획하고 실행하는 데 도움이 된다. 예를 들어, 특정 지역에서의 시장 점유율 확대, 특정 매물의 판매 촉진 등이 될 수 있다. 마케팅은 특정 대상 고객을 중심으로 이루어져야 한다. 공인중개사는 자신이 타깃으로 삼는 고객층을 명확하게 정의하고 이해해야 한다. 이는 효과적인 커뮤니케이션과 타깃팅된 광고의 기반을 제공한다.

경쟁 분석은 부동산 시장에서의 위치를 이해하고, 경쟁 상황을 파악하는 데 도움을 준다. 경쟁 상대의 강점과 약점을 파악해 자신의 마케팅 전략에 반영할 수 있다. 고유 가치 제안은 공인중개사의 독특한 강점과 서비스를 강조하는 핵심 메시지다. 고객에게 왜 당신을 선택해야 하는지를 명확히 전달하는 것이 중요하다.

부동산 디지털 마케팅의 중요성

부동산 디지털 마케팅은 현대 시대에 더욱 중요해진 요소 중 하나다. 인터넷과 모바일 플랫폼을 통한 광고, 소셜 미디어 전략 등은 공인중개사에게 확장된 온라인 시장에서 경쟁 우위를 가져다줄 수 있다.

공인중개사는 자체 웹사이트를 효과적으로 운영하고, 모바일 플랫폼에 최적화해야 한다. 고객들은 주택이나 건물에 대한 정보를 인터넷에서 찾기 때문에 온라인상에서의 가시성이 중요하다. 공인중개사는 다양한 소셜 미디어 플랫폼을 활용해 고객과 소통하고 브랜드를 강화해야 한다. 페이스북, 인스타그램, 링크드인, 유튜브, 카페, 블로그 등 각 플랫폼에 맞게 콘텐츠를 제작하고 공유함으로써 넓은 고객층에 접근할 수 있다.

전통적인 부동산 마케팅 전략

전통적인 부동산 광고 수단인 신문, 라디오, 포스터 등도 여전히 효과적일 수 있다. 특히 지역적인 시장에서 타깃팅된 광고는 지속적인 효과를 가져다줄 수 있다. 공인중개사는 지역 사회의 이벤트 및 현장 마케팅에 참여함으로써 직접적으로 고객들과 소통할 수 있다. 개최된 이벤트에서는 자신의 서비스를 소개하고, 실제로 만난 고객들에게 미소와 신뢰를 전할 수 있다.

부동산 개인 브랜딩

공인중개사의 개인 브랜딩은 신뢰성과 전문성을 강조하고, 고객들에게 독보적인 인상을 남길 수 있는 방법 중 하나다. 고유한 스타일과 가치를 부각시키는 것이 중요하다.

부동산 마케팅의 기초는 명확한 목표, 타깃 고객 식별, 경쟁 분석, 고유 가치 제안 등 다양한 요소로 이루어져 있다. 디지털 마케팅과 전통적인 마케팅 전략, 그리고 개인 브랜딩의 효과적인 결합은 공인중개사가 성공을 이루는 데 큰 역할을 한다. 초보 공인중개사들은 이러한 기초를 바탕으로 자신만의 효과적인 마케팅 전략을 구축할 수 있을 것이다.

디지털 마케팅 -
부동산의 새로운 개척지

디지털 시대의 도래로 함께 떠나는 부동산 여정에서 마케팅은 새로운 차원으로 진화하고 있다. 디지털 마케팅이 부동산 분야에서 어떻게 새로운 개척지를 열어가고 있는지, 초보자들도 쉽게 이해할 수 있도록 살펴보겠다.

디지털 시대의 부동산과 마케팅의 변화

디지털 시대의 부동산은 더 빠르고 효과적인 소통을 요구한다. 고객들은 인터넷을 통해 부동산 정보를 얻고, 온라인에서 매물을 찾는다. 이에 공인중개사들은 기존의 마케팅 전략을 현대적으로 개편해야 한다.

디지털 마케팅은 공인중개사에게 더 많은 가시성과 고객과의 직접적인 상호작용 기회를 제공한다. 온라인 플랫폼을 효과적으로 활용해야 시장에서의 경쟁 우위를 차지할 수 있다.

부동산 디지털 마케팅의 핵심 요소

부동산 디지털 마케팅의 핵심은 공인중개사의 웹사이트다. 사용자 친화적인 디자인과 효과적인 정보 전달은 고객들에게 긍정적인 인상을 심어준다. 검색 엔진 최적화(search engine optimization, SEO)를 통해 웹사이트의 가시성을 높이는 것이 중요하다. 카페, 블로그 운영은 공인중개사에게 필수다.

세종시 부동산 전문 공인중개사인 필자는 블로그와 카페 활동을 하고 있다. 고객들이 블로그, 카페 등을 통해서 미리 상가 위치, 가격 등을 확인한 후에 직접 전화를 주고 있어서 상담하기도 쉽고, 계약 절차가 간편해졌다.

공인중개사는 다양한 소셜 미디어 플랫폼을 활용해 고객들과 소통할 수 있다. 페이스북, 인스타그램, 유튜브, 카페, 블로그 등을 통해 부동산 정보를 제공하고 매물을 소개함으로써 계약이 성사되는 확률이 더 높아지고 있다.

필자는 유튜브 마케팅을 하고 있다. 아파트 매매를 진행하면서 세입자와 시간이 맞지 않아 집을 직접 볼 수 없는 상황에서 먼저 유튜브 영상을 보고 계약금을 입금한 후, 나중에 계약서 작성을 하면서 집을 보게 된 경우도 있다. 아파트 월세 등도 유튜브 영상을 보고 전화를 주어 계약으로 이어지기도 한다.

디지털 광고는 정확한 타깃팅이 가능하므로 예산을 효율적으로 사용할 수 있는 장점이 있다. 구글 광고, 페이스북 광고, 인스타그램 광고, 유튜브, 카페, 블로그 등을 통해 부동산 매물을 효과적으로 홍보할 수 있다.

공인중개사의 사무실 운영 중 가장 큰 비용이 네이버 매물 광고비다. 하지만 필자는 직접 카페와 블로그를 운영하고 있으며, 유튜브 채널도 가지고 있어서 모든 광고는 직접 노력해 1일 1포스팅, 1영상을 하고 있다. 덕분에 광고비를 절약하고 있다.

부동산 디지털 마케팅에서 영상은 강력한 툴이다. 매물 소개 영상, 부동산 정보, 전문가 인터뷰 등을 통해 고객들에게 생생한 경험을 전달할 수 있다. 필자는 토지도 전문으로 하고 있다 보니, 접수받은 토지 매물을 현장 임장을 나가 드론으로 촬영해 고객에게 전달해주면 원격으로 현장을 확인하고, 직접 내방 때에 쉽게 계약 성사가 되는 경우도 많다.

디지털 마케팅은 부동산 분야에서 새로운 개척지를 열고 있다. 이를 통해 공인중개사들은 더 넓은 시장에 진출하고, 고객과 직접 소통하며 경쟁에서 우위를 차지할 수 있다. 미래의 디지털 시대에 발맞춰 부동산 디지털 마케팅을 적극적으로 활용하는 것이 성공의 핵심이다.

필자가 운영하는 온라인카페 '세종시 통(https://cafe.naver.com/foofqwe)'

소셜 미디어 플랫폼의 효과적인 활용

소셜 미디어는 현대 부동산 마케팅에서 더 이상 무시할 수 없는 필수 도구로 자리매김하고 있다. 이 장에서는 공인중개사들이 소셜 미디어를 어떻게 효과적으로 활용할 수 있을지 자세히 알아보자.

소셜 미디어의 부동산 마케팅 중요성

소셜 미디어는 공인중개사들에게 직접적인 상호작용 기회를 제공한다. 많은 사람이 소셜 미디어 플랫폼을 통해 부동산 정보를 얻고 있기에 이를 활용하지 않는 것은 현대 부동산 마케팅에서 큰 손실로 이어질 수 있다. 페이스북, 인스타그램, 트위터, 유튜브, 카페, 블로그 등의 소셜 미디어 플랫폼을 통해 수많은 사용자에게 동시에 부동산 정보를 전달할 수 있다.

각 소셜 미디어 플랫폼의 활용 전략

페이스북은 다양한 콘텐츠를 게시할 수 있는 플랫폼으로, 공인중개사들은 다음과 같은 전략을 활용할 수 있다.

· **매물 소개 게시물** : 고품질의 매물 사진과 함께 매물 정보를 게시해서 관심을 끌 수 있다. 페이스북 라이브를 활용해 집들이나 매물 소개 영상을 실시간으로 공유할 수 있다.

인스타그램은 시각적인 콘텐츠가 강조되는 플랫폼으로, 일시적인 콘텐츠를 게시하는 스토리 기능을 활용해 특별한 이벤트나 매물 소개를 할 수 있고, 지역별 부동산 관련 해시태그를 활용해 더 많은 사람에게 노출될 수 있다.

트위터는 실시간 소식 및 업데이트를 공유하는 데 적합한 플랫폼이다. 지역의 부동산 동향이나 이벤트에 관한 신속한 업데이트를 트위터를 통해 공유할 수 있다. 트위터를 활용해 부동산에 관한 질문에 답하거나 상담을 진행하는 세션을 열 수 있다.

유튜브, 카페, 블로그는 상호작용을 기회로 댓글, 공유, 좋아요 등을 통해 직접적인 상호작용을 유도할 수 있다. 이는 고객과의 관계를 강화하는 데 도움이 된다.

· **매물 홍보** : 매물 사진이나 가상 투어를 소셜 미디어를 통해 홍보함으로써 더 많은 관심을 유발할 수 있다.

다양한 정보들을 오픈채팅방에서 알려주고 배우며 궁금한 점을 물어보는 플랫폼을 활용해 소통을 하고 정보 제공을 하며 유용하게 사용할 수가 있다.

소셜 미디어는 공인중개사들에게 새로운 길을 열어주고 있다. 다양한 플랫폼을 적절하게 활용함으로써 공인중개사들은 고객과의 연결성을 높이고, 브랜드 가시성을 높일 수 있다. 미래에는 더욱 혁신적인 기술들이 소셜 미디어와 결합되어 부동산 시장을 선도할 것으로 기대된다.

매력적인 온라인 콘텐츠
만들기

    부동산 시장에서 성공을 거두려면 뛰어난 온라인 콘텐츠가 필수다. 공인중개사들이 어떻게 매력적인 온라인 콘텐츠를 만들 수 있는지 알아보자.

온라인 콘텐츠의 중요성과 영향

    부동산 시장에서는 고객들이 온라인에서 정보를 얻고 검색하는 경향이 높아졌다. 이에 공인중개사들은 온라인 콘텐츠를 통해 고객들에게 자신의 전문성과 독특한 서비스를 알릴 기회를 얻게 되었다.

    온라인의 풍부하고 유용한 콘텐츠는 공인중개사의 인지도를 높이고 신뢰도를 증가시킨다. 매력적인 콘텐츠를 통해 부동산 매물을 보다 효과적으로 홍보할 수 있고, 재미있고 유익한 콘텐츠는 고객들을 끌어들이고, 지속적으로 관심을 유지하는 힘을 가지고 있다.

매력적인 부동산 온라인 콘텐츠 제작 전략

집의 사진뿐만 아니라 공인중개사의 인터뷰 등 다양한 형태의 콘텐츠로 사진과 동영상을 활용한다. 실제 거주자의 이야기를 통해 부동산에 대한 공감대를 형성해 전달한다.

부동산 용어나 전문적인 지식을 간단하고 친근하고 쉬운 언어로 풀어내어 누구나 이해할 수 있게 한다. 다양한 정보를 하나의 테마에 집중시켜 더욱 명확하게 콘텐츠를 효과적으로 전달한다. 자주 묻는 질문에 대한 답변 형식의 콘텐츠를 통해 고객의 궁금증을 해소한다.

미래의 부동산 온라인 콘텐츠 전망

인터넷과 디지털 기술의 발전으로 부동산 온라인 콘텐츠는 점차 중요성을 더해가고 있다. 부동산 온라인 콘텐츠는 소비자들에게 편의성과 접근성을 제공한다. 인터넷을 통해 부동산 정보를 검색하고,

온라인으로 매물을 확인하고, 가상 현실(VR)이나 영상을 통해 집 내부를 살펴볼 수 있다. 이는 소비자들이 더욱 편리하고 정확한 정보를 얻을 수 있도록 도와준다.

부동산 온라인 콘텐츠는 부동산 업계의 마케팅과 판매 전략에 큰 영향을 미친다. 부동산 업체들은 온라인을 통해 자신들의 매물을 홍보하고 더 많은 잠재고객에게 도달할 수 있다. 또한, 소셜 미디어와 블로그 등을 활용해 부동산에 대한 전문적인 정보와 조언을 제공함으로써 신뢰성 있는 브랜드 이미지를 구축할 수 있다.

인공지능과 빅데이터 분석 기술의 발전으로 인해 부동산 온라인 콘텐츠는 더욱 정교해지고, 맞춤화된 정보를 제공할 수 있게 되었다. 예를 들어, 사용자의 검색 기록과 관심사를 분석해 맞춤형 매물 추천을 제공하거나, 주변 환경 정보와 함께 해당 지역의 부동산 시장 동향을 분석해 예측하는 등의 기능이 개발되고 있다.

미래의 부동산 온라인 콘텐츠는 소비자에게 더욱 편리하고 정확한 정보를 제공하며, 부동산 업계의 마케팅과 판매 전략을 혁신할 것으로 예상된다. 인공지능과 빅데이터 분석 기술의 발전으로 맞춤형 정보 제공이 가능해지지만, 실제 방문과 전문가의 도움이 필요한 경우도 있을 수 있다.

매력적인 온라인 콘텐츠는 공인중개사들에게 성공을 가로막는 장애물을 극복하는 열쇠다. 인공지능 기술의 발전으로 더욱 개인화된 부동산 온라인 콘텐츠가 늘어날 것으로 예상된다. 고객의 선호도와 행동을 학습해 맞춤형 콘텐츠를 제공할 수 있게 될 것이다. 다양하고 창의적인 콘텐츠를 통해 공인중개사들은 고객과 더 깊은 연결을 형성하고, 브랜드를 강화할 수 있다. 미래에는 더욱 혁신적인 기술들이 온라인 콘텐츠를 풍부하고, 독특하게 만들어갈 것으로 기대된다.

전통적인 마케팅과
디지털 마케팅 비교

부동산 시장에서의 경쟁이 치열해지면서 전통적인 마케팅과 디지털 마케팅의 중요성은 더욱 커지고 있다. 이 장에서는 2가지 마케팅 전략의 특징과 부동산 분야에서의 적용에 대해 자세히 알아본다.

전통적인 마케팅의 특징과 장단점

전통적인 마케팅은 신문, 라디오, 텔레비전, 팸플릿 등의 매체를 통해 광고하고, 고객들에게 직접적인 접촉을 통한 명함 돌리기 등의 판촉 활동을 의미한다. 이는 오랜 전통을 가진 방식으로, 과거에는 주요한 마케팅 전략으로 자리매김했다.

전통적인 마케팅은 지역 매체를 통한 광고로 특정 지역의 시장을 효과적으로 커버할 수 있었다. 또 특정 매체를 선택해 특정 타깃 세그먼트에 집중할 수 있다는 장점이 있다.

초보 시절에 필자는 아파트 탑층에서부터 내려오면서 집집마다 명함을 붙이기도 했다. 고객들이 익숙한 매체를 통해 전달되기 때문에 이해하기가 상대적으로 쉬웠다. 현관에 붙여놓은 명함이 어느 날, 세대를 방문해보면 현관문이나 냉장고, TV 등에 붙어 있기도 했다. 필요한 사람은 다음 기회에 사용하려고 보관을 하는 것이었다.

전통적인 마케팅은 지역신문인 〈교차로〉 등에 광고하다 보니 광고 비용이 상당히 많이 들어 전용 예산이 필요하다는 단점이 있다. 그래서 직접 발로 뛰어야 하는 수고가 필요하다. 또한, 효과 측정이나 광고의 성과 분석이 상대적으로 어렵고, 고객과의 상호작용이 부족하며, 단방향적인 정보 전달이 주를 이룬다.

디지털 마케팅의 특징과 장단점

디지털 마케팅은 인터넷을 기반으로 한 다양한 디지털 채널을 통해 광고하고, 고객과 상호작용하는 전략이다. 검색 엔진 최적화, 소셜 미디어 마케팅, 이메일 마케팅 등이 대표적인 디지털 마케팅 방법으로 사용된다.

 디지털 마케팅의 장점은 전통적인 마케팅에 비해 비용이 저렴하
며, 예산을 더 효율적으로 사용할 수 있다. 필자는 직접 '세종시 통'
이라는 카페와 블로그, '다복부동산 tv'라는 유튜브 채널을 운영하고
있다 보니 나의 노력만 필요할 뿐 경제적 부담은 없다.

 디지털 마케팅은 사용자의 검색 행동이나 소셜 미디어 활동을 분
석해 정확한 타깃에게 마케팅 메시지를 전달할 수 있다. 또한, 온라
인 활동을 실시간으로 측정하고 분석할 수 있어 마케팅 성과를 신속
하게 파악할 수 있다.
 필자가 유튜브 동영상에 아파트 매매·월세 등을 업로드하고 나면
바로 "유튜브 보았어요"라고 하면서 고객에게 전화가 오기도 한다.

 디지털 마케팅의 단점은 초기에 디지털 마케팅 전략을 구축하는
데 일정한 시간 투자가 필요하다는 것이다. 디지털 플랫폼은 빠르게
변하고 발전하므로, 이에 대한 대응이 필요하다. 디지털 매체는 다양
한 정보가 고객에게 동시에 전달될 수 있어 정보 과부하로 인해 고
객의 주의를 끄는 것이 어려울 수 있다.

마케팅 전략의 통합적 활용

부동산 업계에서는 전통적인 마케팅과 디지털 마케팅을 통합해 활용하는 경우가 늘어나고 있다. 일부 공인중개사들은 전통 매체와 함께 소셜 미디어를 적극적으로 활용해, 지역 사회와의 교감성을 높이고 동시에 더 넓은 시장에 접근하고 있다.

마케팅 효과를 극대화하기 위해서는 데이터 분석과 의사소통이 필수다. 디지털 마케팅에서 발생하는 다양한 데이터를 활용해 고객의 행동 패턴을 파악하고, 이를 전통적인 마케팅 전략에 반영함으로써 효율성을 높일 수 있다.

부동산 시장에서는 전통적인 마케팅과 디지털 마케팅을 조합해 사용하는 것이 효과적이다. 고객들의 다양한 채널을 활용해 정보를 전달하고 상호작용을 이끌어내는 것이 성공적인 부동산 마케팅 전략의 핵심이다. 미래에는 더욱 통합적이고 지능적인 마케팅 방법이 부동산 시장을 선도할 것으로 예상된다.

개인 브랜드
개발

　공인중개사로서 성공을 거둔다는 것은 단순히 거래의 성공뿐만 아니라, 자신의 브랜드를 효과적으로 구축한다는 의미이기도 하다. 개인 브랜드 개발의 중요성과 공인중개사로서 어떻게 강력한 개인 브랜드를 구축할 수 있을지 살펴보자.

개인 브랜드의 중요성

　브랜딩은 단순히 로고나 상품에 붙는 이름이 아니라, 그것을 통해 전달되는 가치와 이미지다. 공인중개사로서 자신을 브랜딩한다는 것은 고객들에게 어떤 가치를 제공하는지, 어떤 경험을 제공하는지를 명확히 전달하는 것이다.

부동산 시장에서는 많은 경쟁이 있고, 고객들은 자신들이 신뢰할 수 있는 공인중개사를 찾고 있다. 개인 브랜드는 이러한 신뢰를 구축하고, 고객들에게 독보적인 경험을 제공하는 데 큰 역할을 한다. 그러므로 공인중개사의 개인 브랜드는 중요하다.

강력한 개인 브랜드의 요소

성공한 공인중개사들은 자신의 분야에서 전문성을 갖추고, 이를 효과적으로 커뮤니케이션한다. 특정 분야에 중점을 두고 고객들에게 최고의 서비스를 제공하는 등 명확한 목표를 설정해 자기 인식을 강화한다.

강력한 브랜드는 강력한 이야기를 갖추고 있다. 공인중개사로서 고객들에게 자신의 전문성, 경험, 성공 사례 등을 담은 이야기를 통해 브랜드를 쉽게 이해할 수 있게 만들 수 있는 뛰어난 의사 소통 능력이다.

고객들의 평가와 리뷰는 강력한 개인 브랜드를 구축하는 데 중요한 자료다. 성공적인 공인중개사들은 고객들의 성공적인 거래 경험을 공유하며 자신을 홍보한다. 이들은 고객들의 피드백을 소중히 여기고, 이를 개선에 활용해 품질 향상을 꾀하고 있다.

개인 브랜드(블로그) 구축의 전략

자신의 브랜드를 구축하기 위해 블로그를 운영해 부동산 시장의 동향, 투자 팁, 지역 정보 등을 다루며, 고객들에게 가치 있는 콘텐츠를 제공해야 한다. 전문성을 강조하기 위해 부동산 투자에 관한 온라인 웹세미나를 주최해 고객들과 소통하고, 부동산 업계의 다양한 행사에 참여하며, 다른 전문가들과의 네트워킹을 통해 공인중개사로서의 권위를 강화해야 한다.

지역 사회에 기여하기 위해 다양한 활동에 참여하고, 이를 통해 지역 주민들에게 친숙한 존재로 자리매김할 수 있다. 항상 고객에게 추가 가치를 제공하는 것에 중점을 두어야 한다. 매매나 임대뿐만 아니라, 부동산 투자에 관한 교육 세미나를 개최하고, 부동산 관련 정보를 블로그에 제공함으로써 고객들에게 지속적인 도움을 주어야 한다.

강력한 브랜딩을 통해 자신을 독보적으로 만들어야 한다. 시각적인 이미지와 함께 브랜드 메시지를 일관되게 유지하며, 이를 통해 고객들에게 신뢰감을 전해야 한다. 다양한 소셜 미디어 플랫폼을 활용해 자신의 브랜드를 홍보하고 블로그 등에 콘텐츠를 정기적으로 업데이트하고 고객들과 소통해야 한다.

혁신적인 마케팅 전략으로 초보 공인중개사 벗어나기

부동산 시장의 변화에 뒤처지지 않기 위해 지속적으로 학습하고 발전하는 자세를 보여주어야 한다. 브랜딩에는 자기 인식의 명확한 정립, 효과적인 의사 소통, 고객 중심의 서비스 제공과 전략적인 마케팅이 필요하다. 그것을 위한 가장 중요한 수단이 '블로그'다.

🖐 공인중개사의 블로그 개설하기

네이버 ID는 동일 명의로 최대 3개까지 만들 수 있다. 각 ID 당 1개의 블로그를 운영할 수 있으니 동일한 명의로 3개의 블로그를 운영할 수가 있다. 이미 네이버 ID가 있는 분들은 블로그가 이미 만들어져 있는 것이다.

☑ 블로그 꾸미기(기본세팅)

1. 네이버에 로그인하면 다음과 같은 창이 나온다. (1) '블로그'를 클릭, (2) '내 블로그'를 클릭한다.

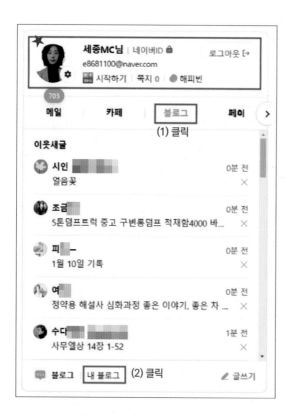

2. 내 블로그가 나왔다. 상단에 있는 '내 메뉴' - '관리'를 클릭한다.

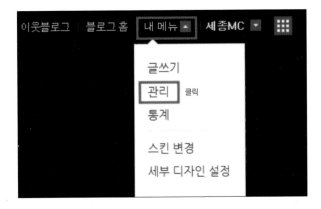

3. 관리를 누르니 '블로그 정보'가 나온다. 블로그 주소는 내 아이
디가 된다. 블로그명을 적는다. 별명(닉네임)도 적는다.

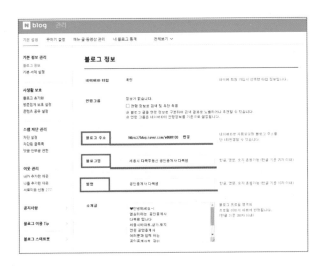

4. 별명은 노출이 잘되어야 하므로 네이버 블로그에서 (1)을 클릭
해 (2) '별명, 아이디'를 클릭한다.

5. 별명, 아이디에 '별명'을 검색한다. 나만 나오게 되는 별명을 적
으면 좋다.

혁신적인 마케팅 전략으로 초보 공인중개사 벗어나기

6. 소개글을 적는다. 내 블로그의 주제도 선택한다. 블로그 프로필, 모바일앱 커버 이미지도 등록하고 '확인'을 눌러준다.

이렇게 블로그 정보를 설정했다.

7. 이제는 기본 설정에서 '기본 서체 설정'을 클릭해 '서체=기본 서체, 크기=16, 색상=흰색에 사선을 선택, 행간=210%. 정렬=가운데'로 지정한다.

✓ 블로그 스킨대문 만들기

'미리캔버스'를 이용해서 블로그의 대문을 만들어볼까?

1. 미리캔버스에 로그인 후 '시작하기'를 누른다. 디자인 만들기
   를 클릭한다.

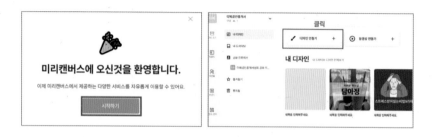

2. 크기 조절에서 '직접입력'을 클릭해 '2000×600'으로 입력한다.

3. (1) '요소' 란을 클릭하고, (2) '부동산'이라고 검색해본다. (3) '전체나 일러스트'를 클릭하니 다음과 같은 그림들이 나왔다. 그림을 클릭하면 1페이지로 올라간다.

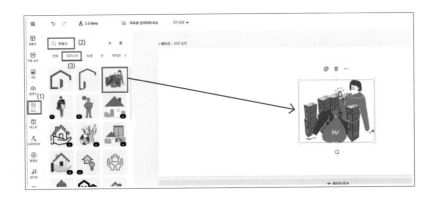

4. '텍스트'를 누르면 텍스트 스타일들이 나온다. '기본 스타일', '제목이나 부제목 텍스트 추가'를 클릭한다. 그곳에 내가 원하는 글씨를 입력한다.

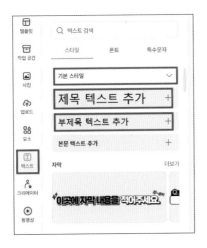

5. '요소'를 클릭한 다음에 '도형'을 클릭한다. 정사각형 도형을 클릭한다.

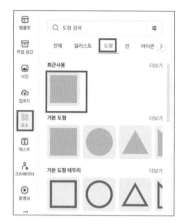

6. 도형이 페이지 위에 올라왔다.

7. (1) 도형을 전체바탕으로 펼친 후, (2) '색상'을 클릭한 뒤, (3) 내가 원하는 색상을 고른다.

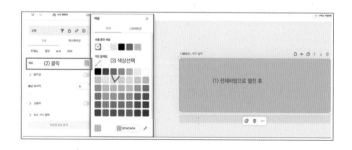

8. (1) '도형'을 선택 클릭하고, (2) '순서'를 클릭한 뒤, (3) '맨 뒤로'를 클릭한다.

9. (1) 이렇게 바탕이 맨 뒤로 간 화면이 생성되면, (2) 이제는 다운로드한다. (3) 파일 형식 'JPG'를 선택하고, (4) '빠른 다운로드'를 한다.

10. 다운로드가 되었다. 바탕화면에 다운해놓으면 된다.
    이것을 가지고 블로그 대문을 만들러 가보자.

11. 내 블로그로 들어와서 '내 메뉴'에서 '관리'를 클릭한다.

12. 다음과 같은 창이 나오면 (1) '꾸미기 설정'을 누른다. 스킨 선택에서 '세부 디자인 설정'을 누른다.

혁신적인 마케팅 전략으로 초보 공인중개사 벗어나기

13. (1) 2페이지 하단에 있는, (2) '베이직'을 클릭해서, (3) '스킨 적용'을 한다.

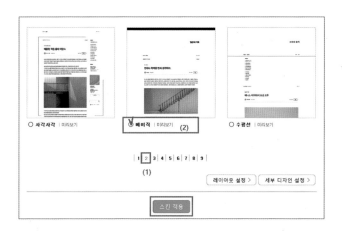

14. 내 블로그로 되돌아오면 다시 '내 메뉴-관리-꾸미기 설정-세부 디자인 설정'을 클릭하면 아래와 같은 창이 나온다. (1) '스킨배경'을 클릭하고, (2) '직접 등록'을 누른다.

15. '파일 등록'을 눌러서 바탕화면에 미리캔버스로 만들어놓은 이 미지를 등록한다.

16. 타이틀에서 영역 높이를 적당하게 조절해서 대문의 노출범위 를 지정해주면 된다.

☑ 블로그 카테고리 만들기

블로그 대문도 만들었으니 이제는 내 블로그 글을 쓸 수 있는 카테고리를 만들어보자.

1. 내 블로그에 로그인한 후 '내 메뉴'-'관리'를 클릭한다.

2. (1) 메뉴·글·동영상 관리, (2) 블로그, (3) 카테고리 추가, (4) 게시판이 생성되었다. (5) 카테고리명을 적고, (6) 확인을 누른다.

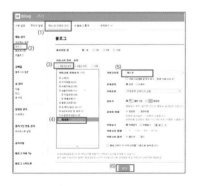

이렇게 카테고리를 몇 개 만들어보고 글쓰기를 하러 가자.

네트워킹 및
추천 전략

부동산 시장에서 네트워킹과 추천은 성공을 위한 핵심 요소다. 관계를 통해 더 많은 리드(잠재고객의 연락처, 이메일 등의 DB)를 얻고, 추천을 통해 신뢰성을 확립하는 것은 공인중개사로서의 경력을 높이는 데 결정적인 역할을 한다.

네트워킹의 중요성

부동산은 인적 관계가 매우 중요하다. 네트워킹은 다른 공인중개사들과의 연결을 통해 지식을 공유하고, 협력할 기회를 제공한다. 또한, 다양한 네트워크를 통해 소셜 캘린더에 나타난 부동산 트렌드에 대한 통찰력을 얻을 수 있다.

네트워킹은 시장 동향, 투자 전략, 법률적인 사항 등 다양한 정보와 새로운 비즈니스 기회를 찾을 수 있게 해준다. 또한, 다른 공인중개사들과의 관계를 통해 잠재적인 거래 파트너나 투자 기회를 찾을 수 있다.

필자는 일주일에 1번씩 유튜브, 블로그 강의를 하면서 수업을 받는 공인중개사들과 협업을 하고 있다. 손님이 찾는 단지에서 영업 중인, 필자에게 교육을 받은 공인중개사와 연결해 공동중개가 이루어지고 있다.

다양한 공인중개사들과의 교류를 통해 자신의 전문성을 강화할 수 있다. 서로 다른 시각과 경험을 공유하면서 성장할 기회를 만들어낼 수 있다.

네트워킹 전략

지역 부동산 행사나 모임에 참여해 다른 전문가들과 소통하고 오프라인 네트워킹의 기회를 창출한다. 지역 커뮤니티 활동을 통해 지역 주민들과 소통하고, 자신의 존재감을 높이는 동시에 신뢰도를 구축할 수 있다. SNS를 활용해 다른 전문가들과 소통하고, 자신의 전문성을 공유한다.

필자는 요일마다 오픈톡방에 참여해서 나에게 맞는 공부를 계속하고 있다. 월요일에는 온라인 수익 과정, 화, 목요일에는 블로그 과정, 수, 금요일에는 유튜브 과정을 매일 강의를 들으며 자기계발을 통해 전문가가 되기 위한 노력을 하고 있다.

온라인 부동산 포럼이나 커뮤니티에 참여해 다양한 의견을 교환하고, 전문성을 고취시킨다. 필자는 '세종시 공인중개사들의 모임(세공사모)'에 적극적으로 참여해 매물 교환 및 부동산 정보를 듣고, 내 부동산 정보도 나누고 있다.

추천 전략

추천은 부동산 시장에서 신뢰성을 증명하는 가장 강력한 수단 중 하나다. 거래에 만족한 고객이 추천을 통해 다른 잠재고객에게 전문가의 신뢰성을 전파함으로써, 신규 리드 확보와 전환의 문을 열어준다.

추천의 이점은 신뢰 구축이다. 추천은 고객들에게 높은 신뢰성을 부여한다. 기존 고객의 만족은 신규 고객들에게 긍정적인 영향을 미친다. 추천을 통해 얻은 고객들은 이미 기존 고객의 경험을 통해 공인중개사의 능력을 인정하고 있기 때문에, 리드로서의 품질이 높을 가능성이 크다.

고객 만족은 추천의 출발점이다. 높은 서비스 품질을 유지해 고객들의 신뢰를 얻고, 추천의 기반을 다져야 한다. 거래 후에도 지속적인 소통과 서비스를 제공해 고객과의 관계를 유지하고, 추천의 기회를 놓치지 않아야 한다. 기존 고객들에게 추천 프로그램을 소개해 적극적으로 추천을 유도하는 방법을 도입하라. 추천을 통해 발생하는 거래에 대한 인센티브(커피 쿠폰 등)를 제공해 추천의 동기를 높일 수 있다.

네트워킹과 추천은 공인중개사로서 성공을 이끄는 2마리 토끼다. 다양한 공인중개사들과 관계를 통해 지식과 기회를 확장하고, 고객 추천으로 신뢰와 신규비즈니스를 얻어낸다. 성공한 공인중개사들의 전략을 참고해 자신만의 네트워킹과 추천 전략을 구축하고, 부동산 시장에서 높은 신뢰와 성공을 찾길 바란다.

고객관계
관리

    부동산 시장에서 성공적인 경력을 쌓기 위해서는 고객관계 관리가 중요한 역할을 한다. 성공한 공인중개사들이 어떻게 고객관계를 효과적으로 구축하고 유지했는지에 대해 자세히 알아보자.

고객관계 관리의 중요성

    부동산에서 고객과는 신뢰관계에 있어야 한다. 고객과의 긍정적인 관계는 장기적인 성공에 필수다. 효과적인 고객관계 관리를 통해 만족한 고객은 자연스럽게 리피트 비즈니스(재방문 고객)와 추천을 가져온다.

효과적인 고객관계 관리는 신뢰를 축적할 수 있게 한다. 신뢰를 쌓는 과정에서 고객들은 공인중개사에 대한 의존도를 높이게 된다. 만족한 고객은 부동산 거래에서 재차 협력하려는 경향이 있다. 이는 리피트 비즈니스를 통해 지속적인 수입을 확보하는 데 도움을 준다. 고객과의 강력한 관계는 추천을 통해 새로운 비즈니스를 유치하는 기회를 제공한다. 만족한 고객이 자연스럽게 주변에 공인중개사를 추천하게 된다.

고객관계 관리 전략

공인중개사는 고객의 기반인 가족, 일, 취향, 필요에 대한 자세한 이해를 통해 개인화된 서비스를 제공해야 한다. 성공한 공인중개사는 고객이 요구하기 전에 고객이 필요로 할 서비스를 예측하고 제공한다. 거래 진행 상황, 시장 동향 등에 대한 정기적인 업데이트를 통해 고객에게 항상 정보를 제공한다.

중요한 이벤트나 거래 진행 시점에서는 신속한 응대와 적절한 콘택트를 유지해 고객의 불안을 최소화한다. 시장 변화에 대한 부동산 시장 동향 정보를 제공해 고객의 의사 결정에 도움을 준다. 공인중개사는 서비스 향상을 위한 다양한 제안을 선제적으로 제시한다.

고객관계 관리의 핵심 원칙

공인중개사는 고객과의 모든 약속을 엄격히 이행함으로써 신뢰를 구축한다. 거래와 관련된 모든 정보를 투명하게 제공해 고객이 안심하고 협력할 수 있도록 한다. 고객의 의견을 존중하고 수용함으로써 긍정적인 관계를 유지한다. 고객의 편의에 맞추어 연락 시기를 선정하고, 이를 존중하는 것이 중요하다.

고객관계 관리의 도전과 극복

고객의 불만이나 문제에 신속하게 대응해 신뢰를 회복한다. 고객의 감정을 이해하고, 공감해 더 효과적으로 서비스를 제공한다. 부동산 거래는 감정적인 측면이 많이 포함되므로, 이를 신중하게 다루는 것이 중요하다.

블로그를 통한
마케팅

부동산 시장에서 경쟁이 치열해지면서 마케팅의 중요성은 더욱 높아졌다. 그러나 마케팅을 성공적으로 수행하려면 결과를 측정하고 분석하는 능력이 필수다.

마케팅을 정확하게 측정하는 것은 공인중개사들에게 핵심 과제 중 하나다. 어떤 마케팅 전략이 비용 대비 가치를 창출하는지를 파악할 수 있어야 한다. 명확하고 실제적인 마케팅 목표를 설정하는 것이 성공을 위한 첫걸음이다. 판매 증가, 브랜드 인지도 향상, 리드 생성 등 목표를 세우고, 이를 달성하기 위한 전략을 구체화해야 한다.

목표에 맞는 적절한 지표를 선택하고 추적하는 것이 중요하다. 예를 들어, 온라인 마케팅의 경우 클릭률, 전환율, 소셜 미디어 참여 등이 효과적인 지표가 될 수 있다. 또한 마케팅 전략을 실행하는 데 시간 역시 중요한 요소다.

그런데 많은 공인중개사들이 블로그 글쓰기를 어려워하며 많은 시간을 허비하고 있다. 공인중개사는 블로그 글쓰기를 매일 꾸준하게 해야 한다. 1일 1포스팅을 하려고 해도 '글자 수는 몇 자로 해야 할지, 사진으로 올려야 할지, 아니면 동영상으로 해야 할지?' 고민이 많다. 이에 블로그 글쓰기를 효과적으로 하는 방법을 소개하려고 한다.

 블로그 글쓰기

블로그 포스팅은 내용이 너무나 짧지 않지 않아야 한다. 대체로 몇 자가 적당할까? 최소한 1,000~1,500자 이상으로 글을 써야 한다. 그럼 글자 수를 하나하나 셀 수도 없고, 어느 정도가 1,000자일지 감이 안 잡힐 것이다. 그런데 내 블로그 글자 수뿐만 아니라 다른 사람의 블로그 글자 수도 알 수 있는 방법이 있다.

1. 네이버에서 '데이터랩툴즈 헬퍼'라고 검색한 후, '데이터랩툴즈 헬퍼-크롬(Chrome) 웹스토어'를 클릭한다.

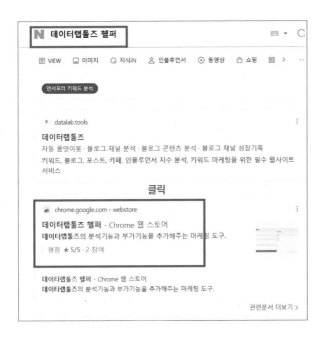

2. 아래와 같은 창에서 '크롬(Chrome)에 추가'를 클릭한다.

3. '데이터랩툴즈 헬퍼를 추가하시겠습니까?'라고 나오면 '확장프
로그램 추가'를 한다.

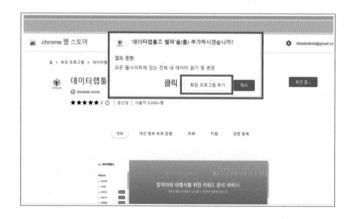

혁신적인 마케팅 전략으로 초보 공인중개사 벗어나기

4. 클릭 2번으로 프로그램이 설치되었다.

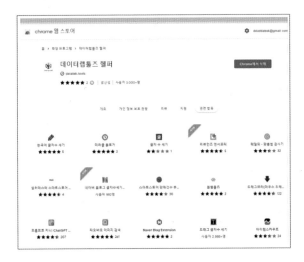

5. 이제는 내 블로그로 와서 '글쓰기'를 한번 해보도록 하자(아래와 같이 글쓰기를 안 해서 왼쪽 하단에 '0자'로 나와 있다). 제목은 글자 수 세기에 들어가지 않는다.

6. 필자가 글쓰기를 해본다. "안녕하세요~!"라고 쓰니 실시간으로
   왼쪽 하단에 '7자'라는 숫자가 보이는가?

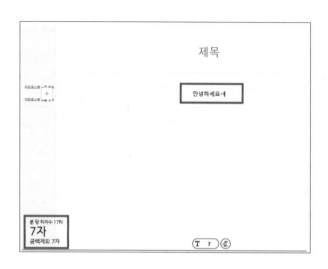

7. 글을 더 써보자. '다복 쎔입니다'라고 썼다. 글자 수가 '14자'가 된 것이 보인다. 신기하지 않은가? 이제는 내가 글을 쓰면서 '1,000자 정도는 이 정도 쓰면 되겠구나' 하고 보면서 글을 쓰니 아주 쉽다.

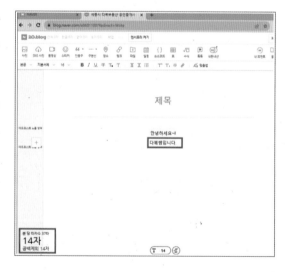

8. 조금 더 글을 써볼까? 이제는 '76자'가 되었다.

9. 어차피 블로그 포스팅을 해야 하니 계속해서 글을 써본다. 왼쪽 하단에 글자 수가 계속 늘어나고 있는 것이 실시간으로 보인다.

3장

초보자에서
전문 에이전트로의 여정

성공하는 공인중개사가
되기 위한 방법

　부동산 중개업은 꿈을 실현하고, 성공을 찾을 수 있는 흥미로운 직업 중 하나다. 부동산 시장의 특성, 필요한 역량, 그리고 성공을 위한 전략을 알아봄으로써 공인중개사라는 직업의 여정을 시작하는 데 도움이 될 것이다.

부동산 시장의 특성과 가능성

　부동산 시장은 주거용, 상업용, 투자용 등으로 나뉘어 있다. 초보자들은 먼저 자신이 어떤 부동산 시장에 진입하고 싶은지를 고려해야 한다. 공인중개사는 아파트, 상가, 토지 등의 다양한 부동산 유형에 대한 지식을 가지고 있어야 한다. 시장 조사는 공인중개사가 되는 데 핵심 단계 중 하나다. 지역의 부동산 시장 트렌드, 경쟁사 분석, 주요 거래 및 가격 동향 등을 조사해 향후의 판매 가능성을 더 정확히 예측할 수 있다.

공인중개사가 가져야 할 역량

공인중개사는 클라이언트와의 원활한 의사 소통이 핵심이다. 명확하게 말하고 듣는 능력은 신뢰를 쌓는 데 큰 역할을 한다. 협상과 설득의 기술도 뛰어나야 한다. 이 모든 것이 강력한 커뮤니케이션 스킬이다. 부동산 거래 중에는 예상치 못한 문제가 발생할 수 있다. 공인중개사는 신속하게 문제를 해결하고, 고객의 요구를 충족시킬 수 있는 능력이 필요하다.

성공적인 공인중개사는 강력한 네트워크를 구축하는 데 능숙해야 한다. 다양한 전문 분야의 전문가, 클라이언트, 그리고 다른 공인중개사들과의 연결을 통해 정보를 얻고, 비즈니스 기회를 찾을 수 있다.

성공한 공인중개사가 되기 위한 전략

공인중개사가 되기 위해서는 해당 국가 또는 지역의 규정에 따라 필요한 교육과 자격증을 취득해야 한다.

부동산 시장에 대한 실무 경험은 공인중개사로서 성장하는 데 중요하다. 교육 이후 현장에서 다양한 거래에 참여하며, 실무 경험을 쌓아가야 한다.

자신을 홍보하고 고객을 유치하기 위해 탁월한 마케팅 전략을 수립한다. 소셜 미디어, 웹사이트 등 다양한 매체를 활용해 자신의 브랜드를 구축해야 한다. 지역 커뮤니티에서의 활동과 네트워킹은 공인중개사에게 중요한 비즈니스 도구다. 지역 이벤트에 참석하고, 다양한 사람들과의 관계를 구축하라.

부동산 시장은 변화무쌍하게 발전하고 있다. 지속적인 학습은 새로운 트렌드를 파악하고 경쟁력을 유지하는 데 필수다. 새로운 교육 프로그램에 참여하고 최신 정보를 습득해야 한다.

시장 조사, 필요한 역량의 향상, 전문가의 조언 및 성공 사례 분석을 통해 여러분은 공인중개사로서의 성공을 향한 첫발을 내디딜 수 있을 것이다. 계속해서 배우고 발전하는 자세로 공인중개사로서의 여정을 즐기며, 부동산 세계에서 흥미로운 경험과 성과를 얻기를 기대한다.

최고의 공인중개사가
되기 위한 방법

부동산 시장에서 최고의 공인중개사가 되기 위해서는 탁월한 기술, 전략, 그리고 특별한 아이디어가 필요하다.

공인중개사의 놀라운 성장의 시작과 도전

항상 긍정적인 마인드로 도전을 받아들여야 한다. 적극적으로 일에 임하며, 최선을 다하려고 노력하는 자세를 가지는 것이다. 어려움에 직면해도 포기하지 않고, 문제를 해결하고 성과를 내기 위해 노력해야 한다.

공인중개사는 항상 고객의 니즈와 욕구에 주목하고, 그들의 요구에 부응하는 전략을 구상하고 신뢰와 만족을 쌓아가야 한다. 공인중개사로서의 성공을 거두기 위해서는 네트워킹이 중요하다. 네트워킹을 통해 다양한 사람들과 연결되면서 비즈니스 기회를 확장할 수 있다. 다른 중개사나 부동산 투자 전문가, 잠재고객, 협력사 등과의 관계를 구축해 신규 거래 기회를 발굴하거나 협업할 수 있다. 지역 커뮤니티에서 활발한 활동을 통해 다양한 연결을 형성해야 한다.

공인중개사의 성공비결

항상 고객 경험을 최우선으로 두어야 한다. '고객이 만족하고 기쁘게 거래를 마칠 때, 그것이 진정한 성공'이라고 할 수 있다. 따라서 항상 정직하고 친절한 서비스를 제공하는 것에 중점을 두어야 한다.

공인중개사는 디지털 마케팅의 효과적인 활용에 주목해야 한다. 소셜 미디어 플랫폼에서 공인중개사의 전문성을 강조하는 콘텐츠를 공유해 브랜드 인지도와 신뢰도를 높일 수 있다. 또한, 웹사이트나 블로그를 통해 부동산 정보와 조언을 제공해 고객들에게 가치를 전달할 수 있다. 소셜 미디어, 웹사이트, 온라인 광고, 유튜브, 카페, 블로그 등을 통해 자신의 브랜드를 홍보하고 많은 인지도를 얻어야 한다.

성공적인 공인중개사가 되기 위해서는 데이터 기반의 의사 결정이 중요하다. 지역 부동산 시장에 대한 정확한 데이터를 수집하고 분석해, 시장 동향을 선제적으로 파악해야 한다.

고객들과의 특별한 연결

개인 브랜딩을 통해 자신을 독특하게 만들어야 한다. 자신만의 스타일과 정체성을 가지고, 고객들과의 특별한 연결을 형성한다. 공인중개사로서 성공을 거두기 위해서는 고객의 피드백을 수용하고 개선해야 한다. 항상 고객들의 의견을 듣고, 그것을 토대로 자신의 서비스를 계속 발전시켜야 한다.

공인중개사로서의 성공을 넘어서

공인중개사로서의 성공에 안주하지 않고, 지속적인 성장과 학습에 주력해야만 한다. 부동산 시장의 변화에 민감하게 대응하면서 자신의 역량을 끊임없이 향상시켜야 한다. 또한, 공인중개사는 지역 주민들과의 상호작용을 통해 지역 발전에 기여하기 위해 노력해야 한다.

공인중개사로서 최고가 되기 위해서는 고객 중심의 마인드셋, 네트워킹, 데이터 활용, 그리고 지속적인 학습과 개선이 필수다. 이러한 요소들을 꾸준히 발전시키며, 고객과의 관계를 중시하고, 지속적인 전문성 강화를 추구한다면 초보 공인중개사들도 성공의 길을 걷고, 부동산 시장에서 놀라운 성장을 하는 최고의 공인중개사가 될 수 있을 것이다.

고객의 니즈와
기대치 이해하기

    부동산 업계에서 성공을 거두기 위해서는 고객의 니즈와 기대치를 정확히 이해하고 부합시키는 능력이 중요하다. 공인중개사가 고객과의 관계를 강화하고 거래를 성공적으로 이끌어내기 위해 어떻게 고객의 니즈와 기대치를 이해하는지 자세히 알아보자.

고객의 니즈와 기대치를 파악하는 중요성

    공인중개사가 성공하려면 항상 고객 중심의 마인드셋을 가지고 있어야 한다. 이는 단순히 거래를 성사시키는 것이 아니라, 고객의 만족과 장기적인 신뢰를 구축하는 것에 관한 것이다.

고객은 각자 다른 성향, 욕구, 그리고 상황을 가지고 있다. 공인중개사는 이러한 다양성을 이해하고 존중함으로써 각 고객에게 맞춤형 서비스를 제공할 수 있어야 한다. 고객의 니즈와 기대치를 이해하는 것은 거래를 성사시키는 데 핵심적이다. 공인중개사는 고객과 강력한 심리적 연결을 형성하고, 그들이 집을 사거나 팔 때의 감정적인 요소를 이해해야 한다.

고객의 니즈와 기대치를 파악하는 전략

공인중개사는 개별 상담과 인터뷰를 통해 고객의 니즈를 정확히 파악할 수 있다. 이는 단순한 거래 정보 수집을 넘어, 고객의 가족 상황, 미래 계획, 취향 등을 이해하는 데 도움이 된다.

정기적이고 투명한 의사소통은 공인중개사와 고객 간의 신뢰를 쌓는 데 중요하다. 공인중개사는 거래 진행 상황을 주기적으로 업데이트하고, 고객이 언제든지 질문에 응답할 수 있도록 해야 한다. 고객의 말에 귀 기울이는 것뿐만 아니라, 감각적인 관찰도 필요하다. 공인중개사는 고객의 표정, 행동, 그리고 반응을 통해 숨은 니즈를 발견할 수 있다.

전문가로서의 의견

부동산 업계에서 고객의 니즈와 기대치를 이해하는 것은 매우 중요하다. 전문가들은 고객의 주거 요구사항, 투자 목표, 예산 등을 정확히 파악하고, 신뢰와 투명성을 제공해 고객의 신뢰를 얻어야 한다. 또한, 고객과의 소통을 통해 신속하고 정확한 정보와 개인 맞춤형 서비스를 제공해야 한다. 고객의 니즈와 기대치를 충족시키는 전략은 성공적인 부동산 비즈니스에 필수적이다.

고객의 니즈를 정확히 파악하려면 민첩성과 적극성이 필요하다. '고객이 어떤 집을 원하는지만 아는 것이 아니라, 그 집이 그들에게 어떤 의미를 가지는지' 이해하는 것이 중요하다. 고객에게 집이 제공하는 라이프 스타일과 품질의 중요성을 이해하고, 그에 맞는 집을 찾아주는 것이 핵심이다. 또한, 세심한 관찰과 빠른 대응이 성공하는 비결 중 하나다.

성공적인 거래와 고객 만족의 균형

성공적인 거래를 이끌어내기 위해서는 단순히 고객을 만족시키는 것 이상의 요소가 필요하다. 공인중개사는 고객의 니즈와 기대치를 충족시키면서도 장기적인 신뢰와 긍정적인 경험을 선사해야 한다.

공인중개사는 단순히 한 번의 거래만을 추구하는 것이 아니라, 고객과의 지속적인 관계를 구축해 부동산에 관한 다양한 니즈를 계속해서 이행해나가야 한다.

고객의 니즈와 기대치를 이해하고 부합시키는 것은 공인중개사의 핵심 역량 중 하나다. 개별 상담, 정기적인 의사소통, 감각적인 관찰을 통해 고객과의 강력한 연결을 형성하고, 전문가의 의견과 성공 사례를 참고해 성공적인 부동산 거래를 이끌어내기를 기대한다.

혁신적인 마케팅 전략으로 초보 공인중개사 벗어나기

부동산 시장에서
틈새시장 개척하기

    부동산 시장에서 성공을 거두기 위해서는 넓은 시야와 창의적인 접근이 필요하다. 틈새시장을 개척하기 위한 전략을 살펴보자.

틈새시장의 의미와 중요성

    틈새시장은 주로 주목받지 않거나 과소평가된 부분으로, 대다수의 시장 참여자들이 놓치고 있는, 기회가 존재하는 지역이다. 부동산 시장에서 틈새시장을 찾아내고 개척함으로써 고유한 경쟁 우위를 확보할 수 있다. 틈새시장에서 활동하면 기존 시장에서 겪기 어려운, 경쟁과 더 높은 수익 기회를 찾을 수 있다. 또한, 이는 새로운 수요층을 발굴하고, 고객들에게 독특한 가치를 제공하는 기회를 제공한다.

틈새시장 개척의 핵심 전략

틈새시장을 개척하기 전에는 정확한 시장 조사가 필요하다. 시장의 특성, 현지 인구 특성, 경쟁사 분석 등을 통해 틈새시장의 판매 포인트를 파악하고 수요를 예측할 수 있다. 틈새시장에서는 기존 시장과 차별화된 가치 제안이 중요하다.

틈새시장에서는 협력과 파트너십을 통해 상호 혜택을 가져올 수 있다. 지역 공인중개사, 커뮤니티 단체 등과의 협력을 통해 새로운 기회를 찾을 수 있다.

틈새시장에서의 성공적인 사업 운영

틈새시장에서는 끊임없는 혁신이 필요하다. 새로운 아이디어와 서비스 개선을 통해 항상 고객들의 기대치를 초월하는 브랜드 이미지를 구축하라. 지역 커뮤니티와의 밀접한 연결은 틈새시장에서의 성공에 큰 영향을 미친다. 이를 통해 지속적인 신뢰와 함께 지역 사회에서 필수적인 파트너로 인식될 수 있다.

고객들이 틈새시장에 찾아오게 하기 위해서는 가격이 중요한 역할을 한다. 기존 시장과는 다른 유연한 가격 정책을 통해 고객들의 예산과 필요에 부합하는 서비스를 제공해야 한다.

틈새시장에서 성공을 거두기 위해서는 시장을 세밀하게 파악하고, 유연성과 창의성을 발휘하는 것이 중요하다. 경력 공인중개사들의 조언을 참고해 틈새시장에서의 경험을 쌓아가며, 새로운 기회를 찾아나가길 기대한다.

협상과
거래 성사의 기술

부동산 거래에서 성공을 거두기 위해서는 협상과 거래 성사의 기술이 필수다.

협상의 기초

협상은 양측이 서로 다른 목표와 이익을 가지고 있는 상황에서 상호 합의점을 찾아가는 과정이다. 부동산 거래에서는 구매자와 판매자 간의 가격, 조건, 기간 등에 대한 합의를 의미한다. 협상 전에 충분한 정보 수집과 계획이 필요하다. 시장 동향, 유사 거래 가격, 상대방의 우발적 요인 등을 파악한다.

명확하고 효과적인 의사소통은 협상의 핵심이다. 자신의 의견을 명확히 전하고, 상대방의 의견을 정확히 이해한다. 양측이 어느 정도 양보할 수 있는 영역을 찾아가는 것이 중요하다. 너무 과도한 타협은 불만을 일으킬 수 있으므로 적절한 균형을 유지한다.

공인중개사는 너무 고집부리지 말고, 유연하게 타협할 수 있는 능력이 필요하다. 거래가 성사되지 않을 경우를 대비해 다양한 대안을 마련해두면 유리하다.

부동산 거래에서 성공하기 위해서는 협상 능력이 중요하다. 상대방의 니즈를 이해하고, 유연하게 대처하는 것이 핵심이다. 협상 기술을 통해 다수의 부동산 거래를 성사시킬 수 있다. 고객의 우선순위를 파악하고, 그에 따라 협상 전략을 세우는 것이 효과적이며, 높은 협상 성공률은 신뢰와 높은 평판으로 이어질 것이다.

거래 성사를 위한 전략

매도자와 매수자의 관점에서 살펴보면, 최상의 거래 가격과 이익적인 조건을 얻기 위해서는 공인중개사의 역할이 굉장히 중요하다. 매도자의 최대한의 수익을 창출해주기 위해 자산의 가치를 정확히 평가해 타당한 가격 제안을 준비하고, 매수자에게도 그 가격이 현실적이고 시장에 부합하는지를 확인해주어 거래가 성사될 수 있도록 노력해야 한다.

감정적인 협상에서는 상대방의 감정을 이해하고 존중하는 것이 중요하다. 감정을 조절하고 양측 모두가 만족하는 합의를 찾도록 노력하자. 난관에 부딪힌 경우, 상대방과의 열린 대화를 통해 새로운 대안을 모색해야 한다. 협력적인 태도로 문제 해결 능력을 발휘해야 한다.

거래 성사 후에는 합의사항을 문서로 작성하는 것이 중요하다. 그래야 미래에 문제가 발생했을 때 대비할 수 있다. 부동산 거래에서 성공하기 위해서는 협상을 잘해야 한다. 협상의 원칙, 전략, 그리고 특별한 상황에서의 대처법을 참고해 부동산 거래에서 뛰어난 성과를 창출해내길 기대한다.

어려운 거래
관리하기

부동산 거래를 하다 보면 종종 어려운 상황에 직면하게 될 것이다. 이때, 전문적인 거래 관리 기술과 전략을 활용하면 어려운 거래도 성공적으로 이끌어낼 수 있다.

어려운 거래의 특징과 도전

어려운 거래는 시장 조건, 특이성, 협상의 어려움 등 여러 가지 측면에서 나타날 수 있다. 일반적으로 어려운 거래는 더 많은 시간과 노력, 그리고 비용이 소요될 수 있다. 거래가 복잡해지면 법적인 문제도 증가할 수 있다. 협상 상대방이 강경하거나 협조적이지 않을 경우도 있다.

어려운 거래 관리의 핵심 전략

어려운 거래를 할 때는 계획 수립이 중요하다. 시나리오 분석, 위험 평가, 대안 계획 등을 미리 세워두면 거래의 각 단계에서 신속하게 대응할 수 있다. 전문가와의 협력은 어려운 거래에서 매우 중요한 역할을 한다. 변호사, 감정사, 경력 공인중개사 등을 활용해 전문적인 조언과 지원을 받을 수 있다.

거래의 각 단계에서의 강력한 커뮤니케이션은 핵심이다. 상대방과의 원활한 의사소통은 협상을 진행하고 문제를 해결하는 데 큰 도움이 된다.

어려운 거래는 법적인 측면에서 특히 조심해야 하며, 전문적인 도움을 받는 것이 큰 도움이 될 수 있다. 어려운 거래에서 성공을 거두려면 유연한 전략과 강력한 협상 기술이 필요하며, 어려운 거래에서도 포기하지 않고 노력하면 언젠가는 성과를 거둘 수 있을 것이다.

어려운 거래에서의 특별한 상황 다루기

갈등이 발생할 경우, 객관적이고 중립적인 입장에서 상황을 평가하고, 갈등의 근본 원인을 파악해 해결하는 전략이 필요하다. 어려운 거래에서는 예기치 못한 문제가 발생할 가능성이 크다. 팀원과 다른 공인중개사와의 긴밀한 협업과 신속한 대응 능력이 필요하다. 또한, 상황에 따라 유연하고 다양한 전략을 적용할 수 있어야 한다.

어려운 거래의 성공 사례(교환 매매)

필자가 운영하는 다복부동산은 일반 거래 방식을 뛰어넘어 고객들의 니즈를 잘 파악해 매매, 교환을 성사시키고 있다.

세종시 가온마을 4단지 84타입을 가지고 있는 고객 A는 소형평형대로 임대를 놓기 위해 교환을 원하고, 59타입을 가지고 있는 고객 B는 넓은 평수로 갈아타고 싶어 하기에, 매매계약보다도 어려운 교환계약을 KB국민은행 시세대로 진행하니 서로가 다른 가치평가의 견해 폭이 좁아져 성공적으로 거래가 성사되었다.

비과세 기간이 얼마 남지 않은 세종시 다정동 아파트 소유자 A와 세종으로 이사를 오고 싶어 하는 대전 아파트 소유자 B와의 교환계약으로 서로의 니즈가 잘 파악된 결과였다.

교환계약에 대해서 좀 더 알아보자.

교환계약이란? 거래 당사자들이 서로 맞바꾸는 계약을 말한다. 부동산과 같은 금전 이외의 재산권을 상호 이전할 것을 약정함으로써 효력이 발생하는 계약을 말한다.

교환계약의 절차는 다음과 같다.

상호합의 – 교환계약서 작성 – 검인 – 취득세 납부 – 소유권이전등기

교환계약은 실거래신고가 아닌 검인을 받아야 하는 것으로, 거래 신고 의무가 없으므로 30일 이내에 거래 신고를 할 필요는 없다. 보통 잔금 당일에 검인을 받고, 취득세 납부, 소유권이전등기 접수까지 한꺼번에 진행하면 된다.

교환계약은 장점은 무엇일까?

첫째, 현금이 필요로 하지 않다. 부족한 차액금만큼만 현금으로 충당하면 된다.

둘째, 양도소득세가 절세된다. 일시적 1가구 2주택자가 비과세기한 내에 동일 가치인 다른 집과 부동산 교환거래를 하게 되면 양도차익에 대한 비과세 혜택을 받을 수도 있다. 추후에 교환거래로 취득한 주택을 매도할 때는 취득가액이 늘어나 있기 때문에 양도차익이 줄어들어 또 한 번 절세할 수 있게 된다.

셋째, 부동산을 여러 건으로 묶어서도 교환할 수 있다.

넷째, 매도와 매수가 동시에 이루어지기 때문에 매번 발품을 팔아 임장을 다니지 않아도 되기에 시간 절약도 된다.

다섯째, 부동산 중개수수료는 높은 매물의 가격으로 한 번 납부하면 되므로 비용 절감이 된다.

누구든 내 집이 제일 좋다고 느끼는 것은 당연하다. 그러다 보니 교환계약을 성사시키기가 정말로 어렵다. 필자의 사무실에서는 KB 국민은행 시세로 평가하기로 서로가 합의한다.

부동산 교환계약서 작성

부동산 교환계약서

교환인 "갑"과 "을"(이하 "부동산의 표시"도 같다.) 쌍방은 아래 표시 부동산에 관하여 다음 계약 내용과 같이 교환계약을 체결한다.

1.부동산의 표시

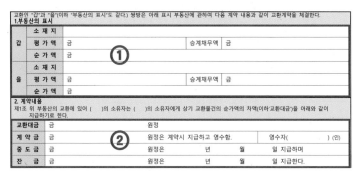

	소 재 지				
갑	평 가 액	금		승계채무액	금
	순 가 액	금			
을	소 재 지				
	평 가 액	금		승계채무액	금
	순 가 액	금			

2. 계약내용

제1조 위 부동산의 교환에 있어 (   )의 소유자는 (   )의 소유자에게 상기 교환물건의 순가액의 차액(이하 '교환대금')을 아래와 같이 지급하기로 한다.

교환대금	금		원정			
계 약 금	금		원정은 계약시 지급하고 영수함.		영수자( ) (인)	
중 도 금	금		원정은	년	월	일 지급하며
잔 금	금		원정은	년	월	일 지급한다.

제2조 (소유권 이전 등) "갑"과 "을"은 교환대금의 잔금 수령 및 지급과 동시에 소유권 이전 등기에 필요한 모든 서류를 상대방에게 넘겨주고 "갑"과 "을"은 부동산을 각각 인도한다.

제3조 (제한물권 등의 소멸) "갑"과 "을"은 위 부동산에 설정된 저당권, 지상권, 임차권 등 소유권의 완전한 행사를 제한하는 사유가 있거나, 제세 공과금 기타 부담금의 미납금 등이 있을 때에는 잔금 수령일까지 그 권리의 하자 및 부담 등을 제거하여 완전한 소유권을 "갑"과 "을"에게 이전한다. 다만 승계하기로 합의하는 권리 및 금액은 그러하지 아니하다.

제4조 (지방세 등) 위 "갑"과 "을" 부동산에 관하여 발생한 수익의 귀속과 제세공과금 등의 부담은 위 부동산의 인도일을 기준으로 정하되, 지방세 의 납세의무 및 납부책임은 지방세법의 규정에 따른다.

제5조 (계약의 해제) "갑"과 "을"은 중도금(중도금이 없는 경우 잔금)을 지급하기 전까지 계약금의 배액상환과 계약금을 포기하고 이 계약을 해제할 수 있다. 단 등가 교환일 경우 계약해제는 별도 약정에 따른다.

제6조 (채무불이행과 손해배상) 계약당사자 본 계약상의 내용에 대하여 불이행이 있을 경우 그 상대방은 불이행한자에 대하여 서면으로 최고하 고 계약을 해제할 수 있다. 그리고 계약당사자는 계약해제에 따른 손해배상을 각각 상대방에게 청구할 수 있으며, 손해배상에 대하여 별도 의 약정이 없는 한 계약금을 손해배상의 기준으로 본다. 단 등가 교환일 경우는 별도 약정에 따른다.

제7조 (중개보수) 개업공인중개사는 본 계약을 불이행함으로 인한 책임을 지지 않는다. 또한, 중개보수는 위 평가액 중 큰 금액(거래 가액)을 기준으로 본 계약체결과 동시에 계약당사자 쌍방이 각각 지급하며, 개업공인중개사의 고의나 과실없이 본 계약이 무효.취소 또는 해제되어도 중개보수는 지급한다. 공동중개의 경우 "갑"과 "을"은 자신이 중개 의뢰한 개업공인중개사에게 각각 중개보수를 지급한다.(중개 보수는 거래가액의   %로 한다.)

제8조 (중개대상물확인.설명서 교부 등) 개업공인중개사는 중개대상물 확인.설명서를 작성하고 업무보증관계증서(공제증서 등) 사본을 첨부하여 계약 체결과 동시에 거래당사자 쌍방에게 교부한다.

특약사항

본 계약을 증명하기 위하여 계약 당사자가 이의 없음을 확인하고 각각 서명.날인 후 교환인("갑"."을") 및 개업공인중개사는 매장마다 간인하여 각 각 1통씩 보관한다.

년   월   일

교환인(갑)	주 소						
	주민등록번호			전 화		성 명	㊞
	대 리 인	주 소		주민등록번호		성 명	
교환인(을)	주 소						
	주민등록번호			전 화		성 명	㊞
	대 리 인	주 소		주민등록번호		성 명	
개업공인중개사	사무소소재지			사무소소재지			
	사 무 소 명 칭			사 무 소 명 칭			
	대 표	서명및날인 ㊞		대 표	서명및날인		㊞
	등 록 번 호	전화		등 록 번 호		전화	
	소속공인중개사	서명및날인 ㊞		소속공인중개사	서명및날인		

KAR 한국공인중개사협회

① 갑과 을, 소재지, '평가액(양도가액) - 승계채무액(임차인이 있다면 보증금액)=순가액'이다. 순가액이 큰 물건지의 소유자를 '갑'으로 하고, 작은 쪽 물건지의 소유자를 '을'로 기재한다.

② 교환대금은 교환물건의 순가액의 차액을 기재한다. 계약금 중도금, 잔금일자를 쌍방 합의해 기재한다.

③ 특약사항 기재-임차인이 있을 때 보증금 등을 기재하고, 교환대금 입금 계좌번호 등을 기재한다.

④ 쌍방 인적사항을 기록하고 서명날인한다.

⑤ 공인중개사 서명날인을 한다.

어려운 거래를 성공적으로 관리하기 위해서는 미리 계획을 세우고, 전문가와의 협력과 강력한 커뮤니케이션 전략이 필요하다. 경력 공인중개사들의 조언과 경험 등을 참고해 어려운 상황에서도 뛰어난 거래 관리 능력을 기를 수 있기를 바란다.

최신 정보
파악하기

현대 부동산 시장은 지속해서 변화하고 있으며, 공인중개사로서 성공하기 위해서는 이러한 동향을 파악하고 적용하는 자세가 필요하다.

현대 부동산 시장의 동향과 변화

부동산 시장은 지역, 국가, 심지어 세계적으로 다양한 변화를 겪고 있다. 공인중개사들은 이러한 동향을 정확하게 파악하고, 이에 따라 전략을 조정하는 데 주력해야 한다.

한국 부동산 시장은 지역마다 독특한 특성이 있다. 도시 및 지방 간 가격 편차, 수요와 공급의 미묘한 변화, 그리고 지역적인 규제와 법률 등이 부동산 시장에 영향을 미친다. 예를 들어, 수도권에서는 주거용 공간 수요가 계속해서 늘어나는 반면, 지방에서는 특정 지역의 산업 육성으로 인해 부동산 가격이 상승할 수 있다.

글로벌 경제의 움직임이 부동산 시장에 큰 영향을 미친다. 특히, 글로벌 경제 위기나 코로나 팬데믹과 같은 사건들은 부동산 시장에 예측 불가능한 변화를 가져왔다. 지속적으로 국제적인 경제 동향을 주시하고, 이에 따른 대비책을 마련하는 것이 필수적이다.

부동산 시장에서는 기술의 발전이 큰 영향을 미치고 있다. 디지털 플랫폼의 등장으로 인해 부동산 거래는 더 효율적으로 이루어지고 있으며, 가상 현실(VR) 및 인공지능(AI) 기술을 활용한 부동산 시뮬레이션도 주목받고 있다.

전문가 의견과 성공적 활용

부동산 시장은 더 이상 단순한 가격의 문제가 아니다. 투자자와 소비자는 변화에 민감하게 반응하고 있으며, 이에 부합하는 다양한 서비스와 전략이 요구된다. 지속적인 시장 조사와 트렌드 파악이 공인중개사에게 더 중요해졌다.

디지털 마케팅을 활용해 성공적인 거래를 한다. 소셜 미디어 플랫폼을 적극적으로 활용해 부동산 정보를 공유하고, 고객과의 소통을 강화해야 한다. 이로써 새로운 고객을 확보하고, 기존 고객과의 신뢰를 구축해 지속적인 거래 기회를 얻게 된다.

공인중개사들은 현장에서의 실시간 데이터를 분석하는 능력을 키워야 한다. 부동산 가격 추이, 수요와 공급 변화, 규제 변화 등을 신속하게 파악해 시장에 민첩하게 대응할 수 있다. 부동산 시장의 최신 정보는 소셜 미디어 및 온라인 플랫폼을 통해 신속하게 전해진다. 특히 실시간으로 고객의 의견을 수렴하고, 이에 대한 대응을 통해 신뢰를 쌓을 수 있다.

공인중개사들 간의 네트워킹은 소중한 정보 교류의 장이다. 세미나, 컨퍼런스, 온라인 포럼 등을 통해 다양한 의견을 듣고 전문가들 간의 경험을 나누며 최신 동향을 파악할 수 있다.

부동산 시장의 동향과 트렌드를 파악하는 것은 성공적인 공인중개사로 거듭나기 위해 필수적이다. 지역적 특성, 국제적 영향, 기술의 도입 등을 주시하고, 경력 공인중개사들의 의견을 참고해 적절한 전략을 수립하는 것이 중요하다. 실시간 데이터 분석과 소셜 미디어를 적극적으로 활용하며, 전문 네트워킹을 통해 최신 정보에 민감하게 대응하는 능력을 키우는 것이 향후 부동산 시장에서의 성공 열쇠일 것이다.

리스크 관리 및 문제 해결 기술

부동산 투자나 공인중개사로서의 경력을 쌓는 여정은 흥미로우면서도 동시에 예상치 못한 도전들과 리스크를 안고 있다.

부동산에서의 리스크와 도전

부동산은 안정적인 투자 수단으로 인정받지만, 그 안에는 다양한 리스크와 도전이 숨어 있다. 이를 인지하고, 적절한 전략으로 대응하는 것이 공인중개사의 중요한 소양이다.

금리의 변동성은 부동산 시장에 큰 영향을 미친다. 금융 리스크는 금리 상승으로 인해 대출 이자 부담이 증가하거나 금융 시장의 불안으로 인한 자금 조달 어려움 등으로 나타날 수 있다. 공인중개사는 금융 동향을 주시하고, 금융 리스크를 최소화하는 전략을 수립해야 한다.

부동산 시장의 가격 변동성은 예측하기 어려운 변수 중 하나다. 지역별·시기별로 다르게 나타나는 가격의 흐름은 투자 리스크로 작용할 수 있다. 공인중개사는 신중한 시장 분석과 타이밍, 다양한 지역 투자를 통해 투자 리스크를 관리할 필요가 있다.

부동산 거래에는 다양한 법적인 측면이 관련되어 있다. 규제의 변화나 법적 분쟁은 예기치 못한 리스크로 작용할 수 있다. 공인중개사는 법률 상식을 기반으로 해서 거래를 체결하고, 변화하는 규제에 민감하게 대응해야 한다.

부동산에서의 리스크 관리는 항상 사전에 이루어져야 한다. 특히, 거래 전에 계약서를 자세히 살펴보고 법률적인 조언을 듣는 것이 중요하다. 미리 문제를 예방하는 것이 후에 큰 어려움을 피하는 지름길이다.

리스크 관리를 위한 기술과 전략

공인중개사들은 과거 데이터를 분석하고, 시장 트렌드를 파악해 예측 모델링을 통해 투자 리스크를 감소시킬 수 있도록 조언하고, 실시간으로 시장 동향을 파악해 조기에 대응하는 것이 고객과의 신뢰를 쌓는 데 큰 역할을 한다.

투자 리스크를 최소화하기 위해 공인중개사들은 다양한 지역과 유형의 부동산에 투자하는 다양한 포트폴리오를 구축해, 지역 특화된 리스크에 강건하게 대응할 수 있도록 노력해야 한다. 법률 전문가와의 협력은 부동산 거래에서 중요한 부분을 차지한다. 거래 전에 법률적인 조언을 얻고, 계약서 및 문서를 자세히 검토함으로써 법적인 리스크를 사전에 방지할 수 있다.

서로에게 도움이 되는
전문가 네트워크 구축

부동산은 혼자서 성공하기 어려운 분야다. 특히 초보 중개사들에게는 다양한 전문가들과의 협력이 큰 도움이 된다. 이 장에서는 서로에게 도움이 되는 전문가 네트워크를 구축하는 방법에 대해 알아보자.

전문가 네트워크의 중요성

부동산 분야에서 성공을 이루기 위해서는 다양한 전문가들과의 협력이 필수적이다. 지식을 공유하고, 리스크를 분산해서 서로의 강점을 살려 효과적인 팀워크를 만들어내야 한다. 전문가 네트워크를 통해 다양한 분야의 전문가들과 지식을 공유함으로써, 부동산 업계의 다양한 측면에 대한 이해력이 향상된다. 예를 들어, 부동산 법률 전문가, 금융 전문가, 시장 전문가 등과의 협력을 통해 종합적인 지식을 얻을 수 있다.

부동산 거래는 여러 가지 리스크를 수반한다. 전문가 네트워크를 통해 여러 분야의 전문가들과 연결되면, 특정 분야에서의 문제 발생 시 다양한 전문가의 의견과 조언을 듣고, 적절한 대응 전략을 마련할 수 있다. 전문가 네트워크는 서로의 강점을 살려 효과적인 팀워크를 구성하는 데에도 큰 도움을 준다. 팀원 간의 상호작용을 통해 아이디어를 나누고 문제를 해결해서 보다 풍부하고 창의적인 결과물을 도출할 수 있다.

다양한 전문가와의 협력

부동산 거래에서 법적인 측면은 무척 중요하다. 법률 전문가와의 협력을 통해 거래 전에 계약서를 신중하게 검토하고, 법적인 리스크를 사전에 방지할 수 있다. 전문가 네트워크는 부동산 거래에서 생길 수 있는 법적인 문제에 신속하게 대응하는 데 큰 도움을 준다. 지식을 공유하고 서로에게 조언을 구하는 것은 안정적이고 투명한 거래를 할 수 있게 한다.

금융적인 측면에서 전문가와의 협력은 자금 조달 및 투자에 있어서 핵심적이다. 고객이 금융 전문가의 조언을 듣고, 안정적인 자금 계획을 세우는 데 도움을 받도록 유도할 수 있다. 부동산 투자는 금융적인 계획과 전략이 필요하다. 다양한 자금 조달 방법과 투자 전략을 함께 고민하고 연구해보자.

지역별 부동산 시장에 대한 전문가들과의 협력은 시장 동향을 빠르게 파악하고, 적절한 투자 및 중개 전략을 세우는 데 도움을 준다. 지역에 대한 심층적인 이해는 부동산 투자의 핵심이다. 지역별 전문가들과 지속해서 정보를 교류하고, 최신 동향을 파악하는 것은 성공적인 거래에 필수적이다.

전문가 네트워크 구축을 위한 전략

부동산 관련 네트워크 이벤트나 세미나에 참여해 다양한 전문가들과 교류를 증진하는 것이 중요하다. 공인중개사들이 모이는 온라인 커뮤니티를 활용해 의견을 듣고, 함께 경험을 나누는 것이 가능하다. 경력 있는 공인중개사들과의 멘토링 및 상담을 통해 전문적인 성장을 이룰 수 있다.

서로에게 도움이 되는 전문가 네트워크를 구축하는 것은 공인중개사로 성공하기 위한 필수적인 단계다. 다양한 분야의 전문가들과의 협력은 부동산 거래에서 발생할 수 있는 다양한 문제에 능숙하게 대응하고, 안정적이고 투명한 거래를 이루는 데 큰 도움을 줄 것이다. 네트워크를 통한 정보 공유와 지속적인 교류를 통해 부동산의 성공 여정을 걷도록 하자.

부동산의
지속적인 학습

부동산은 언제나 변화하는 시장과 다양한 도전에 직면해 있다. 기술의 발전이 부동산 시장에서 혁신을 가져오고 있다. 인공지능, 빅데이터, 가상 현실(VR), 그리고 온라인 플랫폼 등이 부동산 거래 및 중개 방식을 혁신하고 있다. 이에 대한 지식과 활용 능력은 공인중개사로서 필수적이다.

법률과 규제 또한 계속 변화하고 있다. 토지 이용 계획, 건축 규정, 임대법 등 부동산 거래에 영향을 미치는 법적 측면에서의 변화를 지속해서 학습하고 이해하는 것이 중요하다. 경제 변동은 부동산 시장에 직접적인 영향을 미친다. 금리 변동, 경기 침체, 인플레이션 등의 경제 지표를 이해하고, 시장의 흐름에 민감하게 대응할 수 있는 능력이 요구된다.

부동산은 항상 변화하는 시장이기 때문에, 지속적인 학습과 적응 능력이 필수다. 기술, 법률, 경제 등의 영역에서의 최신 동향을 파악하고, 그에 따른 전략을 수립하는 것이 중요하다.

부동산의 학습을 위한 전략과 도구

공인중개사로서 지속적인 교육과 트레이닝은 필수다. 다양한 강의, 워크샵, 온라인 교육 등을 통해 새로운 지식을 습득하고, 전문성을 향상시킬 수 있다. 공인중개사들 간의 정보 공유와 네트워킹은 학습의 중요한 부분이다. 세미나, 컨퍼런스, 온라인 포럼 등을 활용해 다양한 경험과 지식을 얻을 수 있다. 실전 경험은 이론을 현실에 적용하는 데 큰 도움이 된다. 자신의 거래나 다양한 케이스 스터디를 통해 실무적인 노하우를 쌓을 수 있다.

필자로부터 유튜브 3기 강의를 듣고 실무교육을 마친 후 필자 사무실에 협업 사무실로 등록하고, 실무 연습 중인 초보 공인중개사가 있다. 처음에는 "저 첫 임장에서 손님을 모시고 출발하는데, 떨려서 운전을 엄청나게 조심해서 했어요"라고 말할 정도였다. 그 후 카페에 열심히 글을 쓰고, 매물 포스팅도 하고, 상가 임장도 다니더니 한 달 만에 상가계약을 2건이나 성사시켰다. 고객과의 계약서 작성을 하기 전에 미리 필자와 함께 계약서 작성을 해보고, 필자를 고객으로 생각하고 설명하며 연습해 첫 번째 계약을 성사시키더니, 두 번째 계약은 아주 편하게 잘 설명하면서 성사시키는 것을 보니 정말 학습이 중요하다고 생각했다.

변화에 대한 긍정적인 마음가짐

지속적인 학습은 변화에 대한 긍정적인 마음가짐과 함께 진행되어야 한다. 부동산은 끊임없이 변하는 분야이기 때문에, 새로운 도전에 대한 열린 자세와 적극적인 자세가 필요하다. 변화를 두려워하지 않고, 오히려 그것을 발전의 기회로 받아들이는 마음가짐이 지속적인 학습의 핵심이다.

부동산의 지속적인 학습 곡선은 성공을 향한 끊임없는 발전을 의미한다. 변화하는 시장과 도전에 대응하기 위해서는 다양한 분야에서의 학습과 경험이 필수다. 전문가들의 의견과 사례를 참고해, 부동산의 지속적인 학습이 성공적인 경력을 쌓는 데 어떤 영향을 미치는지 깊이 이해해보기를 바란다. 지속적인 학습은 공인중개사로서의 경력을 한 단계 더 나아가게 할 것이다.

4장

혁신적인 고객 확보 및
유지 방법

이상적인 고객 식별 및 타깃팅

부동산은 고객 중심의 산업으로, 성공하기 위해서는 이상적인 고객을 정확하게 식별하고 타깃하는 것이 핵심이다. 부동산 비즈니스에서 성공을 이루기 위해서는 먼저, 이상적인 고객을 정확하게 식별하는 것이 중요하다. 이는 마케팅 전략의 기초이자 성공의 첫걸음이다.

지역마다 부동산 시장의 특성이 다르다. 따라서 이상적인 고객을 식별할 때는 해당 지역의 특성과 수요를 고려하는 것이 중요하다. 도시와 교외, 또는 농촌 지역은 각각 다른 고객 프로필을 갖고 있으므로, 이를 고려해 타깃팅 전략을 수립해야 한다. 타깃팅은 시간과 비용을 절감하고, 더 높은 성과를 얻기 위한 중요한 단계다.

고객은 부동산에 대한 다양한 욕구와 선호도를 갖고 있다. 일부는 투자 목적으로, 일부는 주거 목적으로 부동산을 구매한다. 이러한 선호도를 파악하고 해당 고객층을 정확하게 식별하는 것은 성공적인 타깃팅을 위해 필수다. 고객을 단순히 '부동산 구매자'로 분류하는 것이 아니라, 세분화해 다양한 고객 세그먼트를 정의해야 한다. 세분화는 각 고객 그룹에 맞는 타깃팅 전략을 개발하는 데 도움을 준다.

고객은 맞춤형 정보와 콘텐츠에 반응한다. 따라서 공인중개사는 각 고객 그룹에게 맞춤형 콘텐츠를 제공해 그들의 관심을 끌고 신뢰를 구축할 수 있다. 우리는 다양한 부동산 세그먼트를 고려하고, 각 세그먼트에 맞는 타깃팅 전략을 수립해 성과를 극대화할 수 있다. 지역의 부동산 수요와 선호도를 철저히 조사해 타깃팅 전략을 수립하고, 디지털 마케팅을 통해 정확한 고객에게 메시지를 전달해야 한다. 이를 통해 더 높은 거래 성사율을 달성할 수 있을 것이다.

디지털 마케팅은 특히 부동산 분야에서 효과적인 타깃팅을 위한 강력한 도구다. 소셜 미디어, 온라인 광고, 이메일 마케팅 등을 통해 정확한 고객층에게 메시지를 전달하고, 반응을 모니터링해 전략을 최적화할 수 있다.

고객 피드백은 타깃팅 전략을 지속해서 개선하는 데 큰 도움을 준다. 고객의 요구와 의견을 수렴해 전략을 조정하고, 고객과의 긍정적인 상호작용을 유지하는 것이 중요하다. 이상적인 고객 식별 및 타깃팅은 부동산 비즈니스에서 성공을 위한 핵심 요소다. 지역적 특성, 고객 선호도, 디지털 마케팅 활용 등을 고려해 정확한 타깃을 선정하고, 이를 위한 전략을 세우는 것이 중요하다.

효과적인
커뮤니케이션 전략

부동산은 인간 중심 산업이기 때문에 효과적인 커뮤니케이션은 성공의 핵심이다.

효과적인 커뮤니케이션의 중요성

부동산은 신뢰와 관계를 중심으로 하는 산업이다. 고객들과의 원활한 소통은 거래 성사에 직접적인 영향을 미치며, 이는 공인중개사로서의 성공을 결정짓는 중요한 요소 중 하나다. 효과적인 커뮤니케이션은 신뢰의 축적을 도와준다. 고객과의 열린 대화와 적극적인 응답은 신뢰를 기반으로 한 긍정적인 관계를 형성할 수 있다. 부동산 거래는 많은 정보와 세부 사항을 포함하고 있다. 이를 명확하고 정확하게 전달함으로써 고객들은 더 신중한 결정을 내릴 수 있게 된다.

효과적인 커뮤니케이션은 다양한 채널을 통해 이루어진다. 어떤 채널을 사용할 것인가에 대한 명확한 전략은 성공적인 공인중개사로 나아가기 위한 중요사항이다.

전화와 이메일은 전통적이면서도 효과적인 커뮤니케이션 수단 중 하나다. 신속한 답변과 명확한 의사 전달은 고객과의 관계를 향상시킨다. 부동산은 이미지와 스토리텔링이 중요한 산업이다. 소셜 미디어를 통해 공인중개사는 자신의 경험과 지식을 고객들과 공유할 수 있으며, 커뮤니티를 형성할 수 있다.

자체 웹사이트나 온라인 플랫폼을 통해 공인중개사는 자세한 정보를 제공하고, 고객들과 상호작용할 기회를 만들 수 있다. 필자는 지역의 포털 커뮤니티를 통해 카페회원들과 소통을 하고 있다. 정보를 매일매일 업그레이드해 35만여 카페회원과 함께 소통하고 있다. 또 '세종시 통'이라는 카페를 직접 운영도 하고 있으며, 카페에 매물 홍보를 하면서 매물 접수도 받는 세종시의 대표 부동산이라고 할 수 있다. 고객들과 채팅과 쪽지를 통해 매물 접수, 상담이 이루어지고 있다.

개인화된 커뮤니케이션 전략

고객들은 개인화된 서비스를 원한다. 공인중개사는 고객의 니즈와 요구에 부응하며, 개인화된 접근으로 특별함을 전달해야 한다. 고객들의 욕구와 선호도를 정확하게 파악하기 위해 적극적으로 대화하고, 질문을 통해 그들의 니즈를 이해하는 것이 중요하다. 고객들에게는 부동산 거래의 각 단계에서의 상담이 필요하다. 이를 통해 불확실성을 줄이고, 고객들의 이해도를 높일 수 있다.

효과적인 커뮤니케이션

커뮤니케이션은 부동산에서 성공의 핵심 중 하나다. 고객들과의 원활한 대화는 신뢰를 쌓고, 거래의 효율성을 높인다. 특히 소셜 미디어를 통한 커뮤니케이션은 고객과의 관계를 강화하는 데 큰 역할을 한다.

소셜 미디어를 효과적으로 활용해 고객들과 소통해야 한다. 매주 소셜 미디어에 다양한 콘텐츠를 업로드해 시장 동향, 유용한 정보, 그리고 부동산의 뒷이야기를 고객들과 나누며, 이를 통해 고객과의 관계를 강화하고, 새로운 고객을 유치하는 데에도 큰 성과를 거둘 수 있을 것이다.

피드백 수용과 개선

효과적인 커뮤니케이션을 하기 위해서는 피드백에 대한 개방적인 마음이 필요하다. 고객의 의견과 피드백을 수용하고, 이를 토대로 전략을 개선하는 것이 중요하다.

부동산에서 효과적인 커뮤니케이션은 성공의 열쇠 중 하나다. 신뢰를 구축하고, 정보를 명확하게 전달하며, 개인화된 서비스를 제공하는 전략은 공인중개사로서의 경쟁 우위를 확보하는 데 기여한다. 초보 공인중개사들도 효과적인 커뮤니케이션을 통해 성공적인 부동산 경력을 쌓을 수 있기를 바란다.

온라인 및 오프라인
마케팅 채널 활용

부동산 비즈니스에서 성공하기 위해서는 효과적인 마케팅이 필수불가결이다. 부동산 업계에서의 디지털 혁신은 온라인 마케팅의 중요성을 강조하고 있다. 온라인 플랫폼은 정보의 효율적인 전달과 빠른 응답을 통해 공인중개사와 고객 간의 상호작용을 증가시킨다.

웹사이트 및 소셜 미디어, 온라인 플랫폼 활용

자체 웹사이트 구축은 공인중개사의 전문성을 강조하고 고객에게 신뢰감을 준다. 또한, 다양한 부동산 플랫폼을 활용해 매물을 공유하고 고객들과 소통할 수 있다.

소셜 미디어는 부동산 마케팅에서 강력한 툴로 자리 잡고 있다. 플랫폼마다 고유한 특성을 고려해 적절한 콘텐츠를 공유하고, 질문에 빠르게 응답해 고객과의 상호작용을 촉진할 수 있다. 구글 광고, 페이스북 광고, 카페, 블로그 등을 통한 타깃팅된 온라인 광고 캠페인은 부동산의 시장 점유율을 높이는 데 효과적이다. 정확한 광고 대상을 설정하고, 효율적인 예산 분배를 통해 특정 지역 또는 세그먼트에서의 홍보를 강화할 수 있다.

오프라인 마케팅 : 전통의 가치 유지

오프라인 마케팅은 디지털 시대에도 여전히 중요한 역할을 수행한다. 전통적인 방식은 특히 지역 사회에서의 명성을 구축하고, 지속 가능한 고객관계를 형성하는 데 기여한다. 지역 신문, 라디오, 지역 잡지 등을 활용한 전통적인 광고는 지역 주민들에게 부동산 서비스를 알리는 데 효과적이다. 특히 지역 행사나 축제에 참여해 지역 사회와의 연결성을 강조할 수 있다. 지역의 비즈니스 이벤트나 커뮤니티 행사에 참여해 네트워킹을 강화하고, 얼굴을 알리며 고객들과 직접적인 만남을 통한 신뢰를 형성할 수 있다.

통합 마케팅 전략 : 온라인과 오프라인의 조화

공인중개사들은 온라인과 오프라인 마케팅을 통합한 전략을 채택해 최상의 결과를 얻고 있다. 통합 전략은 2가지 채널의 강점을 최대한 발휘하고, 고객들과의 상호작용을 극대화한다. 온라인과 오프라인에서 제공되는 정보는 일치해야 한다. 특히 부동산 매물의 경우 가격, 사진, 설명 등이 모든 채널에서 일관되게 제공되어야 신뢰성을 높일 수 있다.

전통적인 광고 수단에 QR 코드를 삽입해 온라인으로의 연결성을 강화할 수 있다. 또한, 부동산 전자 브로셔를 활용해 고객들에게 온라인에서 추가 정보를 얻을 기회를 제공한다. 필자는 명함에 QR 코드를 삽입해서 내가 운영하는 카페를 소개해 고객과 정보를 공유하고 있다.

공인중개사들은 소셜 미디어를 통해 참여한 오프라인 이벤트를 고객들과 공유해 오프라인 활동의 온라인 확장성을 높일 수 있다. 디지털 시대에는 온라인 마케팅이 중요하지만, 오프라인 마케팅도 여전히 필수적이다. 지역 사회와의 연결성은 부동산 비즈니스에서 장기적인 성공을 위해 무시할 수 없는 부분이다.

경험이 풍부한 중개사는 소셜 미디어를 통해 지역 행사와 이벤트를 홍보하고, 참여한 내용을 다시 오프라인에서 고객들과 공유하는 전략을 사용하고 있다. 이렇게 함으로써 온·오프라인에서의 홍보가 상호 보강되어 고객들과 더 강한 연결을 형성하고 있다.

성공적인 부동산 세계의
문 열기

부동산에서의 성공은 온라인과 오프라인 마케팅의 통합된 전략에 기반한다. 각 채널의 강점을 최대한 활용하고, 고객과의 상호 작용을 극대화하는 효과적인 전략을 수립하는 것이 공인중개사로서의 경쟁력을 향상시키는 핵심 포인트다. 효과적인 온라인 마케팅을 위해 초보 공인중개사들은 반드시 블로그를 활용해야 한다고 이야기했다.

이 장에서는 블로그에 글쓰기를 하고 난 후에 행해야 할 것들에 대해 이야기해보겠다. 블로그에 글을 쓴 후에는 '금칙어 검사'와 '맞춤법 검사'를 해야만 완성된 포스팅이 된다. 금칙어 검사와 맞춤법 검사를 어떻게 진행해야 하는지 그 방법을 알아보자.

금칙어 검사

1. 우선 내 블로그에 글쓰기를 하고 발행을 누르기 전에 해야 할 일이 있다.

2. '네이버'에서 '금칙어 검사'를 검색한다. 다음과 같은 창이 나오면 '금칙어 검사'를 클릭한다.

3. 그럼 다음과 같은 빈 공간이 나오게 된다.

4. 내 블로그로 돌아와서 전체 글을 복사한다. 블로그 글쓰기 란에 커서를 놓고 'ctrl+a'를 하면, 전체가 아래와 같이 파란색으로 선택된다. 다시 'ctrl+c'를 하면 복사가 된다.

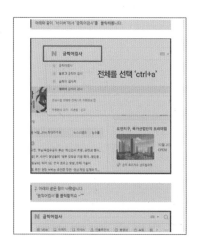

5. 복사한 글을 네이버 금칙어 검사 란에 'ctrl+v'를 해서 붙여넣기 를 하고, 'scan'을 클릭한다.

혁신적인 마케팅 전략으로 초보 공인중개사 벗어나기

6. 금칙어 위반 목록이 2개가 나왔다.

7. 내 블로그 글쓰기 하는 곳으로 와서 'ctrl+F'를 누르면 우측 상
   단에 네모 칸이 보인다.

8. 이곳에 금칙어를 아래와 같이 써보자. 그랬더니 금칙어가 있는
곳에 색이 칠해져 있어서 쉽게 찾을 수가 있다.

9. 쉽게 찾았으니 이제 수정을 하면 된다.

혁신적인 마케팅 전략으로 초보 공인중개사 벗어나기

🖱 맞춤법 검사하기

맞춤법 검사를 하는 2가지 방법을 알아보자.

1. 네이버에 (1) '맞춤법 검사기'를 클릭한다.

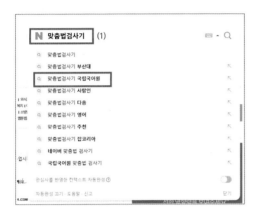

2. 네이버에서 제공하는 우리말 맞춤법 검사인데, 이모티콘 등의
   특수문자는 제거될 수도 있다. 원문을 복사해서 붙여넣기 하면
   되는데, 300자까지만 가능하다. '검사하기'를 클릭한다.

3. 내 블로그 글 원문을 복사해서 붙여넣기를 했다. '검사하기'를
   클릭하니 교정 결과가 나왔다. 필자는 초록색 부분의 띄어쓰기
   가 안 되었다. 수정하면 된다.

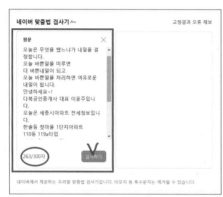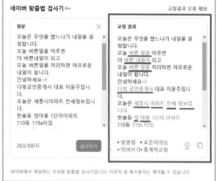

4. 이제는 '한국어 맞춤법/문법 검사기(http://speller.cs.pusan.ac.kr)'
   를 이용해보자. 검사할 문장을 입력하고(나는 총 1,417자를 입력했
   다), '검사하기'를 누른다.

5. 교정 대상 문서와 교정 내용이 나온다. 총 2페이지 중 1페이지
다. 화살표를 눌러 페이지를 이동하면 된다.

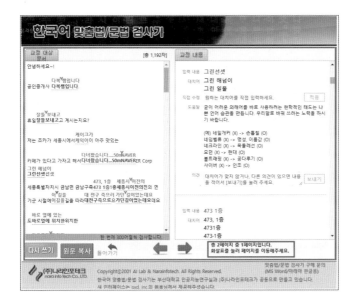

🖐 블로그 글쓰기 쉽고 빠르게

블로그 글쓰기가 너무 어렵게 느껴지는 분들을 위해 쉽고 빠르게 글을 쓰는 방법에 대해 알아보자.

여러분은 AI, 챗GPT, 뤼튼 등에 대해 많이 들어보았을 것이다. AI 가 글을 써주면 그것을 복사해서 바로 붙여넣기 하면 안 된다는 것도 다 알 것이다. 그럼 어떻게 해야 할까? 필자는 뤼튼이 생성한 글을 복사해서 메모장에 붙여넣었다가 다시 복사해 블로그에 가져와서 작업을 하기도 했는데, 이보다 더 쉽고 빠른 글쓰기를 해본다.

1. 네이버에서 '뤼튼'을 검색하고, 회원가입 후 로그인한다(구글이
   나 네이버로 가입 가능).

2. 로그인하면 다음과 같은 창이 열리는데, 그럼 뤼튼에게 질문한다.

3. 필자는 (1)'가을사랑이란 주제로 블로그에 시를 써줘'라고 질문했다.

4. (1) 질문했더니 뤼튼이 글을 다 써준다.

5. 생성된 글 전체를 드래그해서 복사한다.

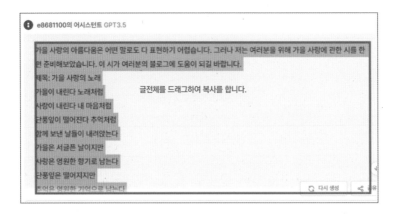

6. 이제는 내 블로그로 와서 '글쓰기'를 클릭한다.

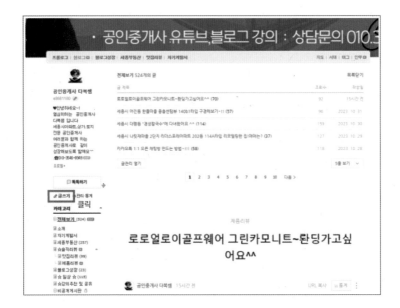

혁신적인 마케팅 전략으로 초보 공인중개사 벗어나기

7. 글쓰기 본문 란에 '붙여넣기'를 한다.

제목

가을 사랑의 아름다움은 어떤 말로도 다 표현하기 어렵습니다. 그러나 저는 여러분을 위해 가을 사랑에 관한 시를 한 편 준비해보았습니다. 이 시가 여러분의 블로그에 도움이 되길 바랍니다.

제목: 가을 사랑의 노래

가을이 내린다 노래처럼 사랑이 내린다 내 마음처럼 단풍잎이 떨어진다 추억처럼 함께 보낸 날들이 내려앉는다

가을은 서글픈 날이지만 사랑은 영원한 향기로 남는다 단풍잎은 떨어지지만 추억은 영원한 기억으로 남는다

가을 사랑은 부드러운 바람처럼 서서히 내게 다가오는데 따스한 햇살처럼 내 마음을 비추는데 가을 사랑은 아름다운 이별이기도 하다

가을 사랑은 마음을 따뜻하게 만들어주는데 서로를 지켜주는 마음이 있다면 추운 겨울도 함께 이겨낼 수 있을 것이다

가을 사랑은 시들어가는 꽃처럼 아름다움을 잃어도 그 자리에 남는다 서로를 사랑하는 마음만 있다면 가을 사랑은 영원히 이어질 것이다

이렇게 가을 사랑에 대한 시를 써보았습니다. 여러분의 블로그에 도움이 되었으면 좋겠습니다. 가을 사랑의 아름다움을 모두와 함께 나누시길 바랍니다.

8. 붙여넣기를 한 글 (1) 전체를 다시 드래그하면, (2) 인용구가 나타난다. 그럼 '인용구를 클릭'한다.

제목

(2) 인용구를 클릭해볼게요

기본서체   16   B I T 66   E ≣

가을 사랑의 아름다움은 어떤 말로도 다 표현하기 어렵습니다. 그러나 저는 여러분을 위해 가을 사랑에 관한 시를 한 편 준비해보았습니다. 이 시가 여러분의 블로그에 도움이 되길 바랍니다.

제목: 가을 사랑의 노래   (1) 전체를 드래그한 다음

가을이 내린다 노래처럼 사랑이 내린다 내 마음처럼 단풍잎이 떨어진다 추억처럼 함께 보낸 날들이 내려앉는다

가을은 서글픈 날이지만 사랑은 영원한 향기로 남는다 단풍잎은 떨어지지만 추억은 영원한 기억으로 남는다

가을 사랑은 부드러운 바람처럼 서서히 내게 다가오는데 따스한 햇살처럼 내 마음을 비추는데 가을 사랑은 아름다운 이별이기도 하다

가을 사랑은 마음을 따뜻하게 만들어주는데 서로를 지켜주는 마음이 있다면 추운 겨울도 함께 이겨낼 수 있을 것이다

가을 사랑은 시들어가는 꽃처럼 아름다움을 잃어도 그 자리에 남는다 서로를 사랑하는 마음만 있다면 가을 사랑은 영원히 이어질 것이다

이렇게 가을 사랑에 대한 시를 써보았습니다. 여러분의 블로그에 도움이 되었으면 좋겠습니다. 가을 사랑의 아름다움을 모두와 함께 나누시길 바랍니다.

9. 인용구 " _____ " 안에 글이 나왔다.

10. 인용구 안의 글을 클릭하면 (2)와 같은 창이 나온다. (3) '본문'을 클릭한다.

11. 다음과 같이 인용구 란의 본문이 없어진다.

가을 사랑의 아름다움은 어떤 말로도 다 표현하기 어렵습니다. 그러나 저는 여러분을 위해 가을 사랑에 관한 시를 한 편 준비해보았습니다. 이 시가 여러분의 블로그에 도움이 되길 바랍니다.
제목: 가을 사랑의 노래
가을이 내린다 노래처럼 사랑이 내린다 내 마음처럼 단풍잎이 떨어진다 추억처럼 함께 보낸 날들이 내려앉는다
가을은 서글픈 날이지만 사랑은 영원한 향기로 남는다 단풍잎은 떨어지지만 추억은 영원한 기억으로 남는다
가을 사랑은 부드러운 바람처럼 서서히 내게 다가오는데 따스한 햇살처럼 내 마음을 비추는데 가을 사랑은 아름다운 이별이기도 하다
가을 사랑은 마음을 따뜻하게 만들어주는데 서로를 지켜주는 마음이 있다면 추운 겨울도 함께 이겨낼 수 있을 것이다
가을 사랑은 시들어가는 꽃처럼 아름다움을 잃어도 그 자리에 남는다 서로를 사랑하는 마음만 있다면 가을 사랑은 영원히 이어질 것이다
이렇게 가을 사랑에 대한 시를 써보았습니다. 여러분의 블로그에 도움이 되었으면 좋겠습니다. 가을 사랑의 아름다움을 모두와 함께 나누시길 바랍니다.

12. 엔터를 하면 된다.

가을 사랑의 아름다움은 어떤 말로도 다 표현하기 어렵습니다. 그러나 저는 여러분을 위해 가을 사랑에 관한 시를 한 편 준비해보았습니다. 이 시가 여러분의 블로그에 도움이 되길 바랍니다.
제목: 가을 사랑의 노래
가을이 내린다 노래처럼 사랑이 내린다 내 마음처럼 단풍잎이 떨어진다 추억처럼 함께 보낸 날들이 내려앉는다
가을은 서글픈 날이지만 사랑은 영원한 향기로 남는다 단풍잎은 떨어지지만 추억은 영원한 기억으로 남는다
가을 사랑은 부드러운 바람처럼 서서히 내게 다가오는데 따스한 햇살처럼 내 마음을 비추는데 가을 사랑은 아름다운 이별이기도 하다
가을 사랑은 마음을 따뜻하게 만들어주는데 서로를 지켜주는 마음이 있다면 추운 겨울도 함께 이겨낼 수 있을 것이다
가을 사랑은 시들어가는 꽃처럼 아름다움을 잃어도 그 자리에 남는다 서로를 사랑하는 마음만 있다면 가을 사랑은 영원히 이어질 것이다
이렇게 가을 사랑에 대한 시를 써보았습니다. 여러분의 블로그에 도움이 되었으면 좋겠습니다. 가을 사랑의 아름다움을 모두와 함께 나누시길 바랍니다.

13. 이렇게 글쓰기가 되면 줄 바꾸기 등을 하면서 정리를 한 다음에 '발행'을 누르면 된다.

고유한 판매 제안
만들기

부동산에서 성공적인 판매는 차별화된 판매 제안을 제시하는 능력에 기반한다. 고유하고 효과적인 판매 제안을 만드는 방법을 알아보자.

판매 제안의 기본 원칙

판매 제안은 공인중개사가 고객에게 자신의 가치를 명확하게 전달하는 수단이다. 기본 원칙을 이해하고, 이를 실제 상황에 적용하는 것이 중요하다.

판매 제안의 목표는 명확하게 설정되어야 한다. 목표를 통해 어떤 가치를 제공할 것인지를 정의하고, 고객의 니즈와 기대치에 부응해야 한다. 고유한 판매 제안을 만들기 위해서는 타깃 고객을 이해하는 것이 중요하다. 그들이 중요하게 여기는 가치, 욕구, 우려 사항 등을 의미하며, 이를 파악해 제안을 맞춤화해야 한다. 공인중개사의 강점과 차별화된 특징, 경쟁사와의 차이점을 부각시키면서 고객들에게 더 큰 가치를 제공하는 방식을 고민해야 한다.

고유한 가치 제안의 생성

고유한 판매 제안을 만들기 위해서는 자신의 강점과 타깃 고객의 욕구를 명확히 정의해야 한다. 공인중개사로서 고유한 서비스를 제공할 수 있다. 예를 들어, 특정 지역의 전문가로서 그 지역의 특별한 정보를 가지고 있거나, 특정 유형의 부동산 거래에 특화된 전문성을 발휘할 수 있다.

필자 사무실의 하 이사님은 부동산 교환을 전문으로 하고 있다. 부동산 교환 매매(아파트 : 아파트, 아파트 : 상가, 상가 : 토지)로 고객의 니즈를 잘 이용해 계약을 성사시키고 있다. 소형평형대에서 중·대형평형대로 늘려가고 싶은 분과 지역을 선정하고 교환을 원하는 분들의 니즈를 충분히 검토해 중개하는 특정 유형의 부동산 교환 매매 전문가다.

비과세받기 위해 교환을 원하시는 분들도 계시고, 좀 더 넓은 평수로 갈아타기 위해서도 진행이 이루어진다. 또 큰 평수에서 다시 작은 평수를 원하는 분들도 있다. 부동산 하락장에서 매도하기는 정말 어렵다. 매도할 때의 스트레스와 매수할 때의 임장과 발품의 시간적 제한 등 고객들의 니즈를 잘 파악해 쉽게 설명해주면서 고객이 따라오게 만드는 노하우가 성공의 열쇠다.

부동산 시장에서의 혁신은 항상 환영받는다. 최신 기술을 활용해 고객들에게 편의와 효율성을 제공하고, 이를 판매 제안에 통합함으로써 차별화된 가치를 제시할 수 있다. 무료 컨설팅, 부동산 투자 전략 제시, 실제 거래 경험에 기반한 조언 등을 통해 고객들에게 추가 가치를 제공하자. 이러한 부가 서비스를 통해 고객들에게 도움이 되는 전문가로 인식될 수 있다.

고유한 판매 제안의 성공

지역에 대한 깊은 지식과 쌓아온 네트워크를 통해 고객들에게 도움을 제공한다. 전문 지역에서 공인중개사로서의 경험과 전문성을 강조해 전속계약으로 성과를 거둘 수 있다.

효과적인 판매 제안 전달

고유한 판매 제안을 만들었다면, 이를 고객들에게 효과적으로 전달하는 것이 중요하다. 명확하고 간결한 언어를 사용해 고객들에게 가치를 전달하는 것이 중요하다. 불필요한 어려운 용어나 정보는 피하고, 이해하기 쉬운 설명을 제공해야 한다.

시각적 자료는 고객들에게 강력한 인상을 남긴다. 부동산의 경우, 프로모션 비디오, 사진, 인포그래픽, 유튜브 등을 통해 제안을 시각적으로 전달할 수 있다.

고객들의 피드백을 수용하고, 제안을 조정하거나 발전시키는 것이 중요하다. 실제 거래에서 얻은 피드백을 토대로 제안을 개선함으로써 더 나은 결과를 얻을 수 있다.

고객 후기 및
추천받기

고객 후기와 추천은 공인중개사로서의 신뢰를 쌓고, 새로운 고객을 유치하는 데 중요한 역할을 한다. 부동산 시장에서 신뢰는 중요한 자산 중 하나다. 고객들은 자신의 부동산 거래를 안전하게 진행하고 싶어 한다. 이를 위해서는 공인중개사에 대한 신뢰가 필수다. 고객 후기는 이러한 신뢰를 증명하는 데 도움을 주는 강력한 도구다.

다른 고객들이 공인중개사와의 서비스를 어떻게 평가하고 경험했는지를 알게 되면, 새로운 고객들은 더 안심하고 협력할 수 있다.

고객 후기는 마케팅 전략의 핵심 요소 중 하나다. 긍정적인 후기를 사용해 자신의 전문성과 서비스 품질을 강조하는 것은 새로운 고객을 유치하고, 기존 고객과의 장기적인 관계를 유지하는 데 도움이 된다.

부동산 시장은 치열한 경쟁이 펼쳐지는 곳이다. 고객 후기를 적극적으로 수집하고 활용하면, 다른 공인중개사들과의 경쟁에서 우위를 확보할 수 있다.

고객 후기를 얻기 위해서는 계획적이고, 효과적인 전략이 필요하다. 다음은 초보 공인중개사들이 사용할 수 있는 몇 가지 전략이다.

서비스 품질의 향상

고객은 만족스러운 서비스를 받은 경우에만 후기를 남기는 경향이 있다. 따라서 서비스 품질을 최대한 향상시키는 것이 첫 번째 단계. 신속하고 정확한 중개, 친절한 상담, 문제 해결 능력 등이 서비스 품질을 결정하는 중요한 요소다.

직접적인 피드백 요청

거래가 성사된 후, 고객에게 직접적으로 피드백을 요청하는 것이 효과적이다. 이메일, 문자 메시지, 또는 전화로 간단한 설문 조사나 후기를 부탁하는 메시지를 보내면 고객들은 더 쉽게 참여할 수 있다.

추천 프로그램 운영

추천 프로그램을 효과적으로 활용해 고객들로부터 후기와 함께 새로운 고객을 확보하자. 이 프로그램은 만족한 고객에게 거래 완료 후 추천 가능한 친구나 가족을 소개할 경우에 혜택을 주는 방식으로 운영해보라. 이로써 더 많은 추천을 받아들이고 신뢰를 쌓는 데 성공할 것이다.

온라인 리뷰 플랫폼 활용

부동산 관련 온라인 리뷰 플랫폼에 가입해 후기를 수집하는 것도 좋은 전략이다. 네이버 부동산, 카페, 블로그 등은 이러한 플랫폼 중 일부다. 이를 통해 더 많은 사람에게 고객 후기를 노출시킬 수 있다. 자신의 서비스에 대한 고객 후기를 적극적으로 활용해 성공적인 경력을 쌓아보자.

거래가 완료된 후에는 고객에게 친절한 메시지와 함께 만족도 조사를 전송하자. 고객들이 이에 적극적으로 응답해 긍정적인 후기와 함께 신뢰도 높은 추천을 남기도록 노력하자.

고객 후기의 활용과 유지

고객 후기를 얻었다면 이를 적극적으로 활용하는 것이 중요하다. 또한, 지속해서 고객과의 관계를 유지하며 후속 서비스를 제공해 장기적인 신뢰를 구축하는 것이 필요하다. 고객 후기는 마케팅 자료에 적극적으로 활용되어야 한다. 홈페이지, 소셜 미디어 페이지, 혹은 광고 자료 등에서 고객 후기를 극적으로 노출시켜 신뢰도를 높이자.

필자는 초보 공인중개사들을 위한 유튜브, 블로그 강의를 진행하고 있다. 수업을 들으신 분들은 나중에 후기를 카페나 카카오톡 방에 올려주시기도 한다.

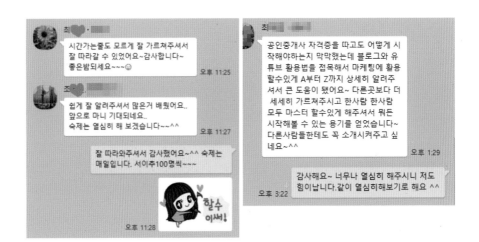

고객 후기를 얻은 후에도 지속적인 소통이 중요하다. 고객들에게 감사의 인사를 전하고, 새로운 부동산 트렌드나 정보를 제공해 고객과의 연결을 유지하자. 고객 후기를 통해 부동산 서비스에 대한 피드백을 수집하고, 이를 기반으로 서비스를 지속해서 개선하라. 고객들은 자신의 의견이 존중받고 반영된다는 느낌을 받으면, 더 긍정적으로 협력할 가능성이 커진다.

고객 후기와 추천은 공인중개사로서 성공을 이루는 데 굉장히 중요한 도구다. 신뢰 구축, 마케팅 효과, 그리고 경쟁 우위 확보를 위해 고객 후기를 적극적으로 얻고, 활용하는 전략은 공인중개사에게 더 나은 성과를 가져다줄 것이다. 고객 후기를 효과적으로 확보하고, 이를 통해 부동산 성공의 문을 열어보자.

장기적인 고객관계
구축하기

　부동산 업계에서 성공적인 공인중개사가 되기 위해서는 단기적인 거래뿐만 아니라 장기적인 고객관계의 구축이 필수다. 지혜와 전략을 고려한 부동산에서의 장기적인 고객관계 구축에 대해 알아보자.

　부동산 업계에서 고객관계는 단순한 거래 이상의 가치를 가지고 있다. 장기적인 관계는 고객들과의 신뢰를 쌓고, 반복 거래를 유도하며, 최종적으로는 추천과 긍정적인 평가를 얻을 수 있는 기반을 마련한다. 고객 유지는 새로운 고객을 유치하는 것보다 경제적으로 더 효율적이다. 기존 고객과의 거래는 신뢰와 이해관계가 이미 형성되어 있기에 더욱 원활하게 이루어질 수 있다. 고객이 만족하면 그들은 주변의 지인들에게 공인중개사를 추천할 확률이 높아진다. 이는 신규 고객을 유치하는 데 중요한 역할을 한다.

또한, 긍정적인 평가는 온라인에서 공인중개사의 신뢰성을 높일 수 있다. 고객관계가 튼튼하다면, 그들이 부동산 거래를 추가로 진행할 때 당신을 선택할 가능성이 커진다. 장기적인 고객과의 관계는 공인중개사의 지속적인 성장을 위한 핵심 요소 중 하나다.

공인중개사들의 지혜와 전략

가장 기본적인 원칙 중 하나는 항상 최선의 서비스를 제공하는 것이다. 부동산 거래는 고객에게 매우 중요하며, 이들의 만족도는 당신의 전문성과 직결된다. 성실한 노력과 정직한 태도는 장기적인 신뢰를 쌓는 데 기여한다. 고객은 각자의 필요와 선호도가 다르다. 개인화된 서비스는 고객이 특별하게 다루어지고 있다고 느끼게 만든다. 거래의 각 단계에서 고객의 요구사항을 고려하고, 그것에 맞게 조절된 서비스를 제공하는 것이 중요하다.

지속적인 소통은 고객과의 관계를 유지하는 핵심이다. 거래 진행 상황에 대한 업데이트, 새로운 부동산 시장 동향, 관심 있는 주제에 대한 정보 제공 등을 통해 고객과의 소통을 지속적으로 유지하자. 고객의 니즈와 선호도를 정확히 파악하는 것이 중요하다. 그들의 가족 구성, 생활 양식, 향후 계획 등을 고려해 부동산 추천 및 서비스를 제공하면 고객은 더욱 만족할 것이다.

장기적인 고객관계 구축

장기적인 고객과의 관계 구축은 공인중개사로서의 생존과 직결된 문제다. 항상 고객의 니즈를 듣고 그것에 맞게 최적의 솔루션을 제공하는 데 중점을 두고 있다. 이는 고객이 나에게 신뢰를 갖고 계속해서 거래를 이어나가게 만드는 비결 중 하나다.

개인화된 서비스로 많은 고객을 확보하고, 고객과의 대화를 통해 그들의 욕구를 정확히 파악하며, 그것에 맞게 부동산을 추천함으로써 고객들과의 관계를 지속적으로 유지해야 한다.

장기적인 고객관계 구축은 공인중개사로서 성공을 이루는 데 필수 요소로서, 고객의 신뢰를 얻고, 지속적인 소통과 개인화된 서비스를 통해 그들의 니즈에 부응하는 것이 중요하다.

5장

부동산 업계에서
지속적인 커리어 쌓기

장기적인 커리어 목표 설정하기

부동산 분야에서의 장기적인 커리어 목표 설정은 단순히 직업적인 성장뿐만 아니라 개인적인 만족과 전문성의 증진을 위한 중요한 과정이다. 부동산 분야에서의 커리어는 단기적인 성과만으로는 충분하지 않다. 변화하는 시장과 경쟁이 치열한 환경에서는 장기적인 비전과 목표가 개인의 성장과 성공에 결정적인 역할을 한다. 장기적인 목표를 설정하면, 지속적인 전문성 향상이 가능하다. 새로운 기술, 시장 동향, 법률 등의 업데이트를 유지하면서 전문성을 높여나가는 것이 필요하다.

단기적인 목표만을 추구하다 보면 지칠 수 있다. 그러나 장기적인 목표를 설정하면 그 목표에 도달했을 때 얻는 개인적인 만족도가 더 크다. 부동산 시장은 끊임없이 변한다. 장기적인 목표를 통해 시장의 흐름에 유연하게 대처할 수 있으며, 변화에 적응해 성공을 이끌어낼 수 있다.

부동산 분야에서의 장기적인 목표 설정 전략

장기적인 목표를 설정하기 위해 자기 자신을 정확하게 평가하고, 강점과 약점, 기회와 위험 분석을 수행하자. 이는 개인의 강점을 최대한 활용하고, 약점을 보완해 목표를 달성하는 데 도움이 된다. 목표를 구체적(Specific), 측정 가능(Measurable), 달성 가능(Achievable), 현실적(Realistic), 기간 제한(Time-bound)으로 설정하는 SMART 목표 설정 원칙을 따르자. 이를 통해 목표의 명확성과 달성 가능성을 높일 수 있다.

부동산은 다양한 분야로 이루어져 있다. 거래 중개, 투자 컨설팅, 부동산 개발 등 다양한 분야 중 어떤 분야에 진출할지 결정하고, 해당 분야에서의 목표를 설정하라. 부동산 분야에서는 지속적인 교육과 자기계발이 중요하다. 전문가들의 워크숍, 온라인 강의 등을 통해 최신 동향을 파악하고 자신의 전문성을 높이자.

공인중개사의 노력

장기적인 목표를 설정할 때는 현재 상황을 잘 파악하고, 미래의 부동산 시장 흐름을 고려해야 한다. 부동산 시장의 트렌드를 선제적으로 파악해 그에 따른 목표를 설정하고, 이를 달성하기 위해 끊임없이 노력해야 한다. 부동산은 항상 변하는 산업이기 때문에 목표를 설정할 때는 변화에 대응할 수 있는 유연성이 필요하다. 또한, 동료들과의 협업과 지속적인 학습이 성공의 핵심이라고 할 수 있다.

부동산 분야에서의 장기적인 커리어 목표 설정은 성공과 만족을 동시에 추구할 수 있는 핵심이다. SMART 목표 설정, 관심 분야 선정 등을 참고해 자신만의 목표를 수립하고, 그에 따른 계획과 노력을 통해 지속적인 성장을 이루어나가기를 권장한다. 부동산 분야에서의 장기적인 목표는 단순히 직업적인 성공뿐만 아니라 개인의 성장과 만족을 위한 토대가 될 것이다.

시장 변화와 도전 과제에 적응하기

부동산 분야에서 성공하려면 시장 변화에 민첩하게 대응하고 도전 과제를 극복하는 능력이 필수다. 부동산 시장은 끊임없이 변화하고 있다. 특히 디지털 기술의 발전, 환경 변화, 정책 조정 등이 시장에 큰 영향을 미치고 있다. 이러한 변화는 공인중개사들에게 새로운 도전의 기회를 가져다준다.

디지털 트랜스포메이션(Digital Transformation)은 부동산 시장에 혁명을 일으키고 있다. 가상 현실(VR), 인공지능(AI), 빅데이터 등의 기술을 효과적으로 활용하는 것이 공인중개사에게 성공을 가져다줄 수 있다. 하지만 이에 대한 적응이 필요하며, 교육과 기술 습득이 중요하다.

부동산 시장은 정부의 정책 변화에 영향을 크게 받는다. 관련 법규의 변화, 세제 혜택의 조정 등은 공인중개사들이 지속해서 업데이트하고 적응해야 하는 도전 과제다.

변화에 대한 민첩한 대응

공인중개사로서 변화에 민첩하게 대응하기 위해서는 지속적인 교육과 업데이트가 필수다. 최신 기술 도입, 시장 동향 파악, 법규 업데이트 등을 효과적으로 추적하고 적용하는 것이 성공의 핵심이다.

동료들과의 협력과 네트워킹은 변화에 대응하는 데 큰 도움을 준다. 전문가들과의 지식 공유, 경험 나눔은 자신의 업무에 적용할 수 있는 유용한 정보를 얻는 데 도움이 된다. 이를 통해 새로운 아이디어와 전략을 찾아낼 수 있다. 부동산 시장의 디지털 트랜스포메이션에 적극적으로 참여하고, 기술을 활용하는 것이 중요하다. 가상 현실을 활용한 부동산 둘러보기, 데이터 분석을 통한 투자 조언 등은 시장에서의 경쟁 우위를 확보하는 데 도움이 된다.

부동산 시장 변화에 대한 공인중개사의 대응

부동산 시장은 끊임없는 변화 속에서 성장하고 있다. 변화에 대응하려면 항상 시장 동향을 주시하고, 새로운 기술과 도구를 적극적으로 도입해야 한다. 또한, 동료들과의 협력을 통해 정보를 공유하고, 함께 성장하는 마인드셋이 중요하다.

도전 과제 극복을 위한 전략

고객들의 니즈와 기대치를 정확히 파악하고, 그에 부합하는 서비스를 제공하는 것이 중요하다. 만족한 고객은 돌아오고, 추천해주는 고객은 새로운 기회를 열어줄 것이다. 부동산은 혼자서 일하기보다 팀원들과의 협력이 필요한 분야다. 동료들과의 팀워크를 통해 시너지를 낼 수 있고, 함께 고민하고 해결책을 찾는 과정에서 성장할 수 있다. 디지털 트랜스포메이션에 적극적으로 참여하고, 새로운 기술을 도입하는 것은 공인중개사로서의 경쟁력을 높이는 중요한 요소다. 업계 트렌드를 놓치지 않고 적극적으로 학습하고 적용해야 한다.

부동산 분야에서의 성공은 끊임없는 변화와 도전 속에서 나타난다. 변화에 대응하고 도전 과제를 극복하기 위해서는 민첩성, 지속적인 교육과 업데이트, 협력과 네트워킹, 기술의 적극적인 활용이 필수적이다. 전문가들의 조언과 경험을 참고해 자신만의 전략을 세우고, 변화에 적응하며 부동산 분야에서의 성장과 성공을 이루어나가기를 기대한다.

부동산 분야에서 리더십 기술 개발하기

    부동산 분야에서 성공적인 리더십은 탁월한 팀 빌딩, 민첩성, 혁신적인 아이디어의 채택, 그리고 동시에 변화에 대한 높은 적응력이 필요하다. 부동산 시장은 빠른 흐름과 다양성을 가진 독특한 특성이 있다. 리더는 이러한 특수성을 이해하고 팀원들을 적재적소에 배치해 효과적으로 이끌어나가야 한다.

리더십의 중요성

    부동산 분야에서의 리더십은 팀을 통합하고 비전을 제시하는 능력이 중요하다. 성공적인 리더는 팀원들과의 긴밀한 협력과 함께 변화에 대한 적응력을 갖춰야 한다. 리더십은 주변의 팀원들을 효과적으로 이끌어내는 것에서 시작된다. 다양한 배경과 경험을 지닌 팀원들 간의 원활한 소통과 협업을 위해 팀 빌딩과 다양성 관리가 필수적이다.

부동산 분야에서는 빠른 의사결정과 문제 해결 능력이 큰 역할을 한다. 리더는 주어진 상황에서 결단력을 가지고 빠르게 행동할 수 있는 능력을 갖춰야 한다. 부동산 시장은 기술의 변화에 민감하게 반응하고 있다. 혁신적인 생각과 기술의 적극적인 활용은 리더십의 중요한 부분이다.

팀 리더십

팀의 성공 핵심은 팀원들과의 강력한 소통과 협력이다. 다양한 전문성을 존중하고, 이를 조합해 서비스의 품질을 높이는 데 집중해야 한다. 부동산 리더로서 항상 변화에 적응하고, 미래를 선도하는 비전도 가져야 한다. 팀은 다양한 경험을 가진 팀원들로 구성하고, 각자의 강점을 살려 팀 내에서의 역할을 분담한다. 또한, 새로운 기술을 도입해 업무 효율성을 높인다. 이러한 노력은 팀의 성과 향상과 함께 개인적인 성장에도 큰 도움이 될 수 있다.

지속적인 학습과 성장

부동산 리더는 시장 동향을 정확히 파악하고, 이를 기반으로 전략을 수립해야 한다. 지속적인 학습과 정보 수집은 리더의 중요한 임무 중 하나다. 리더십은 학습이며 교육을 통해 개발된다. 부동산 리더는 리더십 교육과정을 통해 자신의 역량을 끊임없이 향상시켜야 한다. 필자는 공인중개사들을 대상으로 유튜브와 블로그 강의를 진행 중인데, 앞으로는 일반인들에게도 강의를 제공하려고 한다. 이는 나 자신의 능력 향상에도 도움이 되리라 생각한다.

부동산 분야에서 리더십 기술을 개발하는 것은 지속적인 노력과 많은 경험이 필요한 여정이다. 변화에 민첩하게 대응하는 리더로서의 역량을 키우길 기대한다.

재무 계획 및
비즈니스 관리

    재무 계획과 비즈니스 관리는 중개업에서 성공적인 경영을 위한 필수 요소다. 부동산 비즈니스를 성공적으로 운영하기 위해서는 철저한 예산 수립이 필요하다. 수익과 비용을 명확히 파악하고, 효율적으로 관리하는 것이 핵심이다. 임대 수익, 유지 보수 비용, 세금 등을 고려해 현금 흐름을 지속해서 모니터링하고, 최적화하는 것이 중요하다.

비즈니스 관리 전략

    부동산 비즈니스를 성공적으로 운영하려면 시장 조사와 경쟁 분석이 필수다. 어떤 유형의 부동산이 수요가 있는지, 경쟁사는 어떤 서비스를 제공하는지를 파악해 비즈니스 전략을 수립한다.

부동산은 고객 중심 산업이다. 고객의 니즈를 정확히 파악하고, 그에 맞는 서비스를 제공하는 것이 비즈니스의 핵심이다. 만족한 고객은 장기적인 거래 및 추천으로 이어질 수 있다.

현대의 부동산 시장에서는 디지털 마케팅과 강력한 온라인 프레젠스(온라인상에서의 존재감, 영향력)가 필수적이다. 효과적인 디지털 마케팅 전략을 수립하고, 소셜 미디어 및 부동산 플랫폼을 적극적으로 활용해 시장에서의 가시성을 높이는 것이 중요하다.

중개업의 재무 계획

수익을 증가시키기 위해 정확한 예산과 수익률 평가가 필요하다. 시장 조사를 바탕으로 사무실을 임대해 운영하는 데 필요한 경비를 확보해야 한다. 임대료, 광고료, 직원복지비, 이벤트비용 등 초기자금을 잘 관리해야 한다.

법률 및 세무 전문가와의 협력

부동산 비즈니스에서는 법률 및 세무 전문가와의 협력이 중요하다. 복잡한 법적 문제나 세무 처리를 전문가에게 맡김으로써 부동산 사업의 합법성과 효율성을 유지할 수 있다. 부동산 비즈니스의 성공은 효과적인 재무 계획과 비즈니스 관리에 달려 있다. 정확한 예산과 수익률 평가, 시장 조사, 고객 중심 서비스, 디지털 마케팅 등이 조화롭게 작용함으로써 부동산 비즈니스는 안정적이고, 성장 가능한 모습을 보일 것이다.

윤리적 관행과
직업적 청렴성

윤리적 관행과 직업적 청렴성은 부동산 분야에서 항상 강조되는 중요한 가치다. 부동산 거래는 고객과의 믿음과 신뢰에 기반한다. 윤리적으로 행동하는 공인중개사는 고객들에게 높은 신뢰를 구축하고, 이는 장기적인 성공과 평판에 영향을 미친다.

공인중개사가 윤리적으로 행동하면 전체 산업의 신뢰도도 향상된다. 부동산 시장에서의 투명성과 공정성은 고객들에게 안전한 환경을 제공하며, 이는 전반적인 부동산 시장의 발전을 촉진한다.

윤리적인 부동산 거래

공인중개사는 거래 과정에서 공정하고, 정확한 정보를 제공해야 한다. 고객은 자신의 결정을 위해 신뢰할 수 있는 정보에 접근해야 하며, 공인중개사는 이를 확실히 보장해야 한다.

이중대리는 부동산 거래에서의 심각한 윤리적 위반 중 하나다. 공인중개사는 판매자와 구매자를 동시에 대리할 수 없으며, 이를 준수하지 않을 경우, 이는 법적인 문제로 이어질 수 있다. 부동산 거래에서의 계약 및 수수료 정책은 명확하고 투명해야 한다. 고객들은 부동산 거래의 모든 조건을 이해해야 하며, 공인중개사는 이를 명확하게 설명하고 확인해야 한다.

직업적 청렴성의 유지

공인중개사는 변화하는 법규와 윤리 규범에 대해 항상 최신 정보를 유지해야 한다. 꾸준한 교육과 자기계발을 통해 전문가인 자신의 능력을 향상시키며, 윤리적인 행동에 대한 인식을 높일 수 있다.

윤리적 관행과 직업적 청렴성은 공인중개사로서 항상 기억해야 할 중요한 원칙이다. 부동산 거래에서의 공정성과 투명성은 신뢰를 기반으로 한 성공적인 비즈니스를 만들어내며, 이는 장기적인 발전과 성장을 위한 필수적인 가치다. 공인중개사들은 윤리적인 행동을 지속해서 실천하고, 중개 시장의 신뢰도를 높이며, 부동산 시장을 안전하고 건강하게 유지해나가기를 기대한다.

까다로운 업계에서의
일과 삶의 균형 유지하기

부동산 업계는 동적이고 경쟁이 치열한 분야로, 공인중개사들은 항상 최선을 다해 성과를 내야 한다. 그러나 이러한 환경에서 일과 삶의 균형을 유지하는 것은 중요한 도전 중 하나다. 공인중개사들이 까다로운 이 업계에서 일과 삶의 균형을 어떻게 유지할 수 있는지에 대해 알아본다.

까다로운 업계의 도전과 일과 삶의 균형

부동산 업계에서는 거래의 복잡성과 시간 압박이 크다. 전문가들은 종종 여러 거래를 병행하고, 일정에 쫓기는 상황에서 업무 압박을 경험한다. 부동산은 끊임없이 변화하는 산업이다. 법률, 시장 트렌드, 기술 등의 변화에 대응하려면 지속적인 학습과 업데이트가 필요하며, 이로 인해 업무와의 균형이 더 어려워질 수 있다.

일과 삶의 균형 유지를 위한 전략

공인중개사들은 명확한 목표를 설정하고, 우선순위를 정하는 것이 중요하다. 어떤 거래나 업무가 자신의 장기적인 목표에 기여하는지를 고민하고 효과적으로 계획해야 한다. 시간은 공인중개사에게 귀중한 자원이다. 효율적인 일정 관리와 우선순위를 통해 시간을 효과적으로 활용하면, 업무와 개인 생활 간의 균형을 찾을 수 있다.

공인중개사들은 현대의 디지털 도구를 적극적으로 활용해야 한다. 스마트폰 앱, 온라인 플랫폼, 업무 자동화 도구 등을 통해 업무를 효율적으로 처리하고 시간을 절약할 수 있다.

명확한 목표와 효율적인 업무 관리

부동산은 도전적인 분야지만, 명확한 목표와 효율적인 일정 관리를 통해 일과 삶의 균형을 유지할 수 있다. 업무 일정을 효율적으로 관리하기 위해 온라인 일정 관리 앱을 적극적으로 활용한다. 이를 통해 중요한 일정을 놓치지 않고, 여가 시간을 확보해 일과 삶의 균형을 유지하자.

일과 삶의 균형의 중요성

일과 삶의 균형은 건강과 행복을 유지하는 데 중요한 역할을 한다. 지나친 업무 압박은 건강을 해칠 수 있으며, 자기계발의 균형을 유지함으로써 전문가는 긍정적인 에너지를 높일 수 있다. 장기적인 성공을 위한 토대를 다지기 위해서는 일과 삶의 균형을 유지해야 한다. 피로를 낮추고, 건강을 유지하면서, 풍요로운 개인 취미생활을 즐기는 공인중개사는 업무에서 더 나은 성과를 이루어낼 수 있다.

까다로운 부동산 업계에서 일과 삶의 균형을 유지하는 것은 도전적이지만 가능하다. 명확한 목표 설정과 우선순위, 효율적인 시간 관리, 디지털 도구의 활용을 통해 공인중개사는 성공적인 경력과 풍요로운 개인 생활을 동시에 누릴 수 있다. 이를 통해 건강하고 지속 가능한 부동산 경영이 가능할 것으로 기대된다.

평판이 좋은
부동산 브랜드 구축하기

부동산 업계에서 평판이 좋은 브랜드를 구축하는 것은 신뢰와 성공의 핵심이다. 부동산 거래는 신중하고, 중요한 결정으로 이루어지기 때문에 고객들은 평판이 좋은 브랜드를 선호한다.

필자는 카페, 블로그, 유튜브 등에 콘텐츠를 끊임없이 올리고 있다 보니 고객들로부터 "열심히 하는 공인중개사"라고 불리고 있다. 도로를 지나가다가도 얼굴을 알아보시고 "구독자예요"라고 해주시는 응원에 신이 나기도 한다.

평판이 좋은 브랜드는 경쟁에서 우위를 차지할 수 있다. 긍정적인 평가와 추천은 새로운 고객을 유치하고, 기존 고객을 유지하는 데 큰 역할을 한다.

평판 구축을 위한 전략

부동산 브랜드는 항상 고객을 최우선에 두어야 한다. 고객 중심의 서비스는 만족도를 높이고, 긍정적인 평가를 유도하는 데 중요한 역할을 한다. 투명성과 윤리적인 운영은 평판 구축에서 핵심이다. 거래 과정에서의 투명한 정보 제공과 윤리적인 행동은 신뢰를 쌓는 기반이 된다.

현대의 부동산 시장에서는 온라인에서의 가시성이 중요하다. 풍부한 콘텐츠, 소셜 미디어 활용, 온라인 마케팅을 통해 강력한 온라인 프레젠스를 구축하자. 브랜드 메시지는 고객들에게 브랜드의 가치와 목표를 전달하는 데 중요한 역할을 한다. 명확하고 강력한 브랜드 메시지를 개발해 전달하라.

평가 및 지속적인 개선

고객들의 평가를 수집하고 분석하는 것은 브랜드의 강점과 약점을 파악하는 데 도움이 된다. 고객의 의견을 중요하게 생각하고 개선점을 찾아보자. 부동산 시장은 변화무쌍하다. 지속적인 혁신과 발전을 통해 새로운 트렌드에 대응하고, 고객들에게 항상 새로운 가치를 제공해야 한다.

평판이 좋은 부동산 브랜드를 구축하는 것은 신뢰와 성공을 가져올 수 있는 중요한 과정이다. 고객 중심의 서비스, 투명성, 강력한 온라인 프레젠스 등을 통해 부동산 브랜드는 지속해서 발전할 수 있고, 높은 평판을 유지할 수 있을 것이다.

지속적인 성장을 위한 멘토링과 코칭, 교육의 역할

부동산 업계에서 성공을 거두려면 지속적인 성장이 필수다. 이를 위해 멘토링과 코칭, 지속적인 교육이 부동산에서 어떻게 성공과 전문성 향상에 기여하는지를 살펴보자.

멘토링과 코칭은 개인화된 지도를 제공한다. 공인중개사 각 개인의 강점과 약점을 파악하고, 그에 맞는 성장 전략을 수립하는 데 도움이 된다. 멘토와 코치는 자신의 경험을 공유함으로써 실무에서의 교훈과 지혜를 전수한다. 이는 초보 공인중개사들에게 큰 가치를 제공한다.

멘토링과 코칭의 구체적인 이점

멘토링과 코칭은 전문 기술을 향상시키는 데 도움이 된다. 특히 부동산 분야에서는 법률, 거래 전략, 마케팅 등 다양한 기술이 요구되는데, 전문 경력 공인중개사의 지도 아래에서 학습함으로써 높은 수준의 전문 기술을 습득할 수 있다. 부동산 업계는 경쟁이 치열하고 어려운 순간들이 많다. 멘토와 코치는 이러한 어려움을 극복하는 데 도움을 주며, 심리적 지원을 제공한다.

멘토링과 코칭의 효과적인 활용 방법

멘토와 코치와의 관계에서 명확한 목표를 설정하는 것이 중요하다. 목표를 통해 개인의 성장 방향을 정하고, 그에 따른 계획을 수립하자. 주기적인 평가와 피드백은 성장의 방향을 조절하는 데 도움이 된다. 멘토와 코치에게 얻은 피드백을 토대로 개선과 발전을 지속해서 이끌어내자.

지속적인 교육의 필요성

지속적인 교육은 공인중개사들이 최신 정보를 습득하는 데 중요한 역할을 한다. 시장 동향, 기술의 변화, 법률 업데이트 등을 학습해 전문성을 유지하고 높일 수 있다. 부동산은 치열한 경쟁이 펼쳐지는 분야다. 지속적인 교육은 경쟁에서 우위를 확보하고, 현업에서의 성과를 높이는 데 결정적인 역할을 한다.

지속적인 교육의 구체적인 방법

공인중개사들은 업계에서 주최하는 세미나와 워크샵에 참여해 최신 동향을 파악하고, 전문 지식을 확장할 수 있다. 인터넷을 통한 온라인 교육 플랫폼은 효율적으로 최신 정보와 기술을 학습하는 수단으로 활용된다. 온라인 강의와 웹 세미나를 통해 언제 어디서나 학습이 가능하다. 경력 공인중개사들은 본인의 아는 만큼을 나눌 줄도 알아야 한다.

필자는 초보 공인중개사들에게 유튜브, 블로그 교육을 통해 나눔을 실현하고 있다. 기수별로 10명씩 모집해 퇴근 후 필자의 부동산 사무실에 모여서 일주일에 1번씩 2시간 넘게 수업을 진행하면서 공인중개사들의 자기계발과 성장을 도모하고 있다. 앞으로는 일반인에게도 이 지식을 나누고자 한다.

멘토링과 코칭은 부동산 분야에서 지속적인 성장을 이루는 데 큰 역할을 한다. 초보 공인중개사들은 출발은 했지만, 초기에는 어려움에 부딪힐 것이다. 그러나 멘토의 도움을 받아 전략적인 마케팅과 협상 기술을 향상시키며 단계적으로 성공을 거두길 바란다. 지속적인 교육은 공인중개사들이 끊임없는 시장 변화에 대응하고, 새로운 도전을 하게끔 하며, 최고 수준의 전문성을 유지하기 위한 필수 도구다.

부동산 커리어의
미래 구상하기

    부동산 산업은 끊임없이 진화하고 있으며, 미래에는 새로운 도전과 기회가 펼쳐질 것으로 예상된다. 부동산 시장에서는 디지털 기술의 도입으로 거래 방식이 혁신되고 있다. 가상 현실(VR)을 활용한 온라인 투어, 인공지능(AI)을 이용한 맞춤형 추천 서비스 등이 부동산 거래를 더 효율적으로 만들고 있다.

    환경 문제의 중요성이 부각되면서 지속 가능한 부동산 개발이 중요한 고려 요소로 떠오르고 있다. 친환경 건물과 개발 프로젝트는 미래 부동산 시장에서 큰 역할을 할 것으로 전망된다.

부동산 커리어의 미래 전망

공인중개사들은 미래를 대비해 기술 역량을 강화해야 한다. 데이터 분석, 디지털 마케팅, 소프트웨어 활용 등과 같은 기술적인 역량이 필수적으로 요구될 것이다. 부동산은 다양한 분야의 전문성이 필요한 산업이다. 법률, 건축, 경제 등 다양한 지식과 기술을 결합한 종합적인 전문성이 미래의 공인중개사들에게 요구될 것이다. 지속적인 학습과 업무 확장이 필요하다. 새로운 기술과 트렌드를 습득하고 다양한 역할을 수행하는 능력이 미래 성공의 핵심이다.

또한, 고객 중심의 서비스 제공 역시 미래의 공인중개사에게 중요한 가치 중 하나다. 클라이언트의 니즈를 정확히 파악하고, 맞춤형 서비스를 제공하는 능력이 성공의 관건이 될 것이다.

미래의 부동산 시장

전문성을 확립하고 지속적인 학습으로 미래 시장에 대응하는 것이 중요하다. 또한, 다양성 있는 전문성을 갖추는 것이 부동산 커리어의 성공에 결정적인 역할을 할 것이다. 디지털 마케팅과 데이터 분석에 중점을 두고, 부동산 커리어를 쌓아야만 한다. 최신 기술 동향을 파악하고 적용하는 것이 커리어를 발전시키는 핵심이다.

초보 공인중개사들은 다양한 역량을 갖추고, 미래에 필요한 기술과 지식을 습득해 현 부동산 시장을 주도하는 주역으로 성장할 수 있을 것이다. 지속적인 학습과 현실에 대한 이해를 바탕으로 부동산 커리어의 미래를 준비해야 한다.

부동산 세계에서 미래를 향한 여정에
함께한 여러분에게

부동산 세계에서의 여정은 지식과 경험, 역량이 함께 어우러져야만 의미 있는 성공으로 이어진다. 부동산에 입문하거나 커리어를 향상하려는 공인중개사분들에게 하고 싶은 말이 있다.

여러분은 부동산의 세계에 발을 딛기 위해 이 길을 선택했고, 여러 가지 어려움을 극복하며 지혜로운 부동산 투자 전문가로 거듭나고자 노력하고 있다. 이 길은 때로는 고난스럽지만, 여러분은 극복할 수 있으리라 믿는다.

부동산 세계에서의 성공을 위해서는 기반을 다져야 한다. 기초적인 이해와 업계의 흐름을 파악하는 것이 중요하다. 부동산의 핵심 원리와 시장 동향에 대한 기초 지식이 성공의 출발점이다.

미래의 부동산 세계는 기술과 전략에 크게 의존하고 있다. 디지털 마케팅과 데이터 분석은 부동산 커리어에 혁신적인 변화를 가져올 수 있다. 기술의 흐름을 따라가며 적극적으로 도입하는 것이 미래에 대한 대비책이 될 것이다.

부동산 커리어에서 클라이언트와의 관계는 핵심이다. 고객 중심의 서비스 제공은 신뢰와 만족을 기반으로 오랜 기간의 협력을 이끌어 낼 수 있다. 고객의 니즈를 정확히 이해하고, 신뢰를 쌓아가는 것은 공인중개사로서의 핵심 역량 중 하나다.

부동산은 변화무쌍한 산업이다. 최신 기술과 트렌드를 익히고, 다양한 전문성을 키우는 것은 공인중개사의 필수 과정이다. 지속적인 학습과 발전은 미래에 대한 대비책이자, 성공하기 위한 기본자세다.

이 글은 여정의 시작에 불과하다. 부동산의 세계는 끊임없는 도전과 학습의 공간이다. 이제 여러분은 변화하는 부동산의 물결을 타고 미래를 향한 여정에 발을 디딘 것이다. 부동산 세계에서의 성공을 위해 지식을 쌓고, 기술과 전략을 적극적으로 채택하며, 고객과의 관계를 중요시하고, 지속적인 학습과 발전을 거듭해나가길 기대한다.

부동산 세계는 무궁무진한 가능성으로 가득 차 있다. 여러분의 의지와 노력이 이 길을 밝게 비추도록 바란다. 부동산 세계의 문을 여는 순간을 지켜보고 있겠다. 이 길을 함께해주어 감사하다.

이 책이 여러분의 부동산 커리어에 도움이 되었기를 진심으로 바라며, 앞으로도 함께 성장하고 발전해나가길 기대한다. 함께 여행하는 동안 필요한 모든 지식과 역량을 갖추어 더 나은 미래로 나아가자. 부동산 세계로의 시작, 그 여정이 풍요로움과 성취로 가득하길 기원한다.

여러분은 부동산의 세계에 새로운 풍경을 열어주는 주인공이다. 앞으로도 여러분이 꿈을 향해 나아가기를 기원하며, 항상 여러분과 함께하겠다.

혁신적인 마케팅 전략으로
초보 공인중개사 벗어나기

제1판 1쇄 2024년 5월 17일

지은이 이윤주
펴낸이 허연 **펴낸곳** 매경출판㈜
기획제작 ㈜두드림미디어
책임편집 최윤경, 배성분 **디자인** 디자인 뜰채 apexmino@hanmail.net
마케팅 김성현, 한동우, 구민지

매경출판㈜
등 록 2003년 4월 24일(No. 2-3759)
주 소 (04557) 서울시 중구 충무로 2(필동 1가) 매일경제 별관 2층 매경출판㈜
홈페이지 www.mkbook.co.kr
전 화 02)333-3577
이메일 dodreamedia@naver.com(원고 투고 및 출판 관련 문의)
인쇄제본 ㈜M-print 031)8071-0961
ISBN 979-11-6484-684-9 (03320)